The Hungarian Soviet Republic, 1919

Hoover Institution Bibliographical Series: XLIII

The Hungarian Soviet Republic, 1919
An Evaluation and a Bibliography

By
Iván Völgyes

HOOVER INSTITUTION PRESS
Stanford University • Stanford, California

The Hoover Institution on War, Revolution and Peace, founded at Stanford University in 1919 by the late President Herbert Hoover, is a center for advanced study and research on public and international affairs in the twentieth century. The views expressed in its publications are entirely those of the authors and do not necessarily reflect the views of the Hoover Institution.

Standard Book Number 8179-2431-0
Library of Congress Card Number 70-108958
Printed in the United States of America
© 1970 by the Board of Trustees of the Leland Stanford Junior University
All rights reserved

Contents

Foreword vii

Acknowledgments ix

A Capsule History of the Hungarian Soviet Republic 3

The Historiography of the Hungarian Soviet Republic 11

Bibliography

    I. Bibliographies, Documents, Reference Works 17

   II. General Works 23

  III. The Hungarian Soviet Republic 36

  IV. Works of Special Scope 47

   V. Autobiographies, Biographies, Literary Treatments, Reminiscences 70

Appendix A. Joint Authors, Pseudonyms 85

Appendix B. Emigré Periodicals and Newspapers 89

Foreword

The following study is the first comprehensive bibliography of the Hungarian Soviet Republic. In his research for this volume the author collected data from libraries and archives in the United States, in Paris, Vienna, London, Budapest and Munich, and from several minor European collections. Works which are located only in various libraries within the Soviet Union are not included, since research in Soviet libraries and archives was not possible.

In the compilation of this book, archival references have not been included. The main reason for this omission is that very little of the archival material relating to this topic has been adequately catalogued. Furthermore, the Hungarian archives, and most importantly, those of the Institute for Party History of the Hungarian Socialist Labor Party, contain the greatest amount of material, but until now the only Western scholar allowed to do more than cursory research in these collections has been Dr. Frank Eckelt. There is certainly a great deal of material to be found in the Soviet Union and in Czechoslovakia, but Western scholars have had no access to these sources.

The volume is divided into five sections. The first section contains the general bibliographic reference works in which the Hungarian Soviet Republic occupies more than a brief mention. The reference works included in this section present the most often discussed and cited volumes, and therefore lesser encyclopedias are not listed.

The second category includes general works in which the Hungarian Soviet Republic has been discussed in some detail, but does not include those publications which concern only the Hungarian Soviet Republic. The latter works appear in the third section, which consists of publications about the general history of the Hungarian Soviet Republic. This section does not, therefore, list works about such topics as the Hungarian Red Army. Such topics are included in the fourth category, which contains works of special scope, e.g., the social measures taken in Hungary during the Hungarian Soviet Republic, the military operations of the Red Army, and the local events in Hungarian villages. The final section includes biographies, autobiographies, memoirs, and literary works about the Hungarian Soviet Republic or its participants. The speeches and writings of the leaders of the Communist dictatorship are also included here.

Each section is further subdivided into two parts, the first containing books, the second articles. If the article appeared in a volume unconnected with the topic, the article is listed in the second part. If, however, the volume itself was concerned with the topic of the Hungarian Soviet Republic, and there were several authors who contributed various articles, then the work is listed in the first part, under books.

In order to preserve the divisions, document collections have not been treated as a separate category, although there is a strong case for their inclusion as a separate group. Articles which have been republished in books and collections are not listed independently but under the title of the books and collections.

Works with multiple authors are cross-referenced. The translation of an original work and separate publishing dates are noted only if the translation vastly differs from the original. The volume covers primarily works published prior to 1967; a few easily accessible books and articles which appeared after that date are also listed. Articles in local or factory newspapers have generally been omitted, since they are not available to Western scholars and, moreover, seldom contain information which cannot be found elsewhere. Book reviews concerning the Hungarian Soviet Republic have also been excluded. Complete publication data are provided in all cases where the author was able to examine the material.

The listing of émigré publications presented a special problem in the compilation of this volume. Following the fall of the Hungarian Soviet Republic, a great many periodicals and newspapers were published outside Hungary. Most of these existed only for a short time; some ceased publication after only one or two issues. Few are available now, and the articles that appeared concerning the Hungarian Soviet Republic are known only because of references made to them elsewhere. The titles of these émigré periodicals and newspapers, along with place and date of publication, are given in Appendix B. However, the fact that the émigré press could not be thoroughly researched places an unfortunate limitation on the completeness of the volume. The author estimates that approximately 50 to 100 articles from the émigré publications have been omitted.

This volume does not contain reference to publications which appeared during the existence of the Hungarian Soviet Republic. It was the opinion of the author that the inclusion of such material was not warranted in a bibliography of the history of this period. Articles from newspapers of the times are listed in this volume only if they contain analytical information rather than simple news items.

With all its limitations the author hopes that this first comprehensive bibliography published in any language on the Hungarian Soviet Republic will be of value to scholars and students interested in the Hungarian Revolution of 1918-19.

Acknowledgments

The author wishes to express his gratitude to the Research Council of the University of Nebraska and the Hoover Institution on War, Revolution and Peace for their support. Thanks are also due to Professor Samuel L. Sharp, Professor Bernard S. Morris, Professor Rudolf L. Tőkés, and Mr. Karol Maichel for their generous support, continuous encouragement, and valuable advice. The author is also indebted to Mr. George Bisztray, who participated actively in the preparation of the bibliographical section; to Mrs. Mary Block, who typed and retyped the entire manuscript; and to Miss Lise Hofmann, whose alert and skillful editing paved the way for publication.

For editorial assistance, valuable counsel, and untiring patience the author wishes to thank his wife, Mary, to whom this book is gratefully dedicated.

The Hungarian Soviet Republic, 1919

A Capsule History of the Hungarian Soviet Republic

As World War I drew to a close with the armistices of November 3 and 11, as the Hapsburg and Hohenzollern dynasties fell, as the Central Powers admitted their defeat, and as Germany underwent a revolution, the Dual Monarchy of Austria-Hungary fell apart. New nation-states carved out domains for themselves from portions of the defunct Empire. As nationalistic, revolutionary fervor reached a peak in the capitals of the newly formed states which rallied to the side of the Allies, the defeated powers attempted to salvage the salvageable. In Austria, Hungary, and Germany, new republican regimes came to power, usually led by people who wanted to establish a government based to some extent on Wilsonian ideals.

Hungary was one of the new states. On October 31, 1918, the former co-ruler of the Austro-Hungarian Monarchy became an independent state. Although it lost much of its population and territory as a result of the disintegration of the Monarchy and was beset by many problems, Hungary nonetheless had a chance to succeed in making a new national existence possible.

There were a number of problems that faced Hungary in 1918—problems which had to be solved before it could become a fully independent sovereign state. The first problem was making an adequate peace treaty, the second was organizing a new government and holding elections, the third was solving the nationality problem, and the fourth was the division of land among the peasants. Finally, the former prisoners of war had to be reintegrated into the economic and political life of the new nation.

The new government which was established after the October Revolution in Hungary bore the imprint of the man who was its leader—Count Michael Károlyi. A member of one of the oldest and most influential of the Hungarian aristocratic families, Count Károlyi, unlike most of his relatives, was an Anglophile and a Germanophobe. From the very beginning of the War, Michael Károlyi stood for a disengagement, for a negotiated peace, for an extension of political freedom, and, in a vague fashion, for democracy. Károlyi recognized the extreme inequality prevalent in the semi-feudal economic and political system of prewar Hungary; he was horrified at the reluctance of his fellow aristocrats to face Hungary's problems realistically. On a visit to the United States during the War, he gained a favorable impression and hoped to build a democratic Hungary on Wilson's principles. Károlyi, however, had great limitations, as well as great political promise. He was an idealist, not well suited to rule, and certainly neither determined enough nor strong enough to act against those who seriously threatened his system.

The government which he headed as President was, in reality, a coalition between Károlyi's party, the Social Democrats, and the Radical Bourgeois Party. While the members of the coalition had differences of opinion about the future of the new republic, they all agreed that the most urgent task of the government was to make peace.

The Károlyi government hoped to appeal to the victorious Entente for what it considered to be justice. It hoped the Allies would recognize that it was the anti-war faction which governed the new Hungary, that Károlyi and his followers had been anti-German, and that the new Hungary was democratic and hence adhered to the Wilsonian principles.

The Károlyi government made a number of mistakes in the handling of the peace negotiations. The first error was disbanding the army before signing the peace treaty. The second was the assumption that Hungary would be treated as a part of the victorious crusade against Germany. Instead it was treated with contempt and dealt with as a vanquished country. The territorial settlement which was imposed on Hungary was far worse than Károlyi had expected, and it had the added disadvantage that it satisfied no one. As a result of the dissatisfaction with the territorial settlement of Belgrade, the boundary and the occupational lines were constantly changed at the expense of Hungary and in favor of the Associated Powers, most notably Yugoslavia and Rumania. When these countries made territorial demands, which included the occupation of Hungary's second largest city and involved a significant portion of the Hungarian population, the Károlyi government found itself in an impossible position. It did not have the military force to defend itself nor could it accept the demands and remain in power. The government put its faith in the ideals presented by Wilson as a guarantee of territorial integrity, but this faith melted away with this "last territorial demand." In desperation the government resigned. On March 21, 1919, the Hungarian Soviet Republic was born.

It was, however, not only the territorial dismemberment that forced the Károlyi government to resign. Added to the failure of its foreign policy was the failure in its internal policies. It neither succeeded in creating an effective government nor in establishing a representative form of government. Times of revolution are not the most suitable for holding democratic elections, especially for a nation without fixed boundaries or electoral districts. Those who defend the government of Károlyi justify its inaction by pointing out the internal instability and the repeated attempts made by the government to hold the elections. Yet the history of the period clearly shows that the Social Democrats effectively blocked attempts to hold elections. They wanted to pass a more liberal franchise law first, which would enable more people to vote for the Social Democratic Party. It was also an especially difficult task to hold elections in a country where a great percentage of the people still were practically living in serfdom, where illiteracy was widespread, and where the only available administrative personnel were controlled by the upper classes. Whether it would have been better for the government had elections been held is a matter of speculation. It is certain, however, that the failure of the government to hold the elections effectively demonstrated its weakness to the population.

The Károlyi government's inability to solve the nationality problem also contributed to its demise. Its Minister of Nationalities, Professor Oscar Jászi, envisioned a federation of the various nationalities living in the territory of Hungary with complete equality and autonomy. But the nationalities were not satisfied with such a solution. They had been oppressed for centuries by the ruling Hungarians. Before 1914, the non-Magyar nationalities comprised over 50 per cent of the population but had only eight representatives in the 421-member Hungarian Parliament. After the War a promise of equality and autonomy within a federation was not adequate for these groups; they wanted, and gained, complete independence. The failure to create a federation among these nationality groups meant that Hungary was shorn of a large percentage of its population and territory.

Another problem which the government could not solve was the pressing need for land reform. Prior to the War, Hungary was a semi-feudal country. About 4,000 people out of a population of 18 million owned over half the total acreage, while more than 5.5 million people owned no land at all. If the government desired the support of the peasantry, land reform was a must. But here too, the Socialists and the Károlyists could not agree; small differences between various groups stood in the way of land reforms. Finally, Károlyi announced in February that he was going to begin the land reform by subdividing a portion of his estates. He hoped that the rest of the aristocrats and landowners would follow his example. His noble gesture, however, was of little importance, for other owners of large latifundiae did not follow suit. Once more the Károlyi government failed to solve an important problem, and its impotence became obvious to the public.

Another problem that contributed significantly to the breakdown of the government was the general malaise of the Hungarian body politic. The government perhaps could have survived all of its failures had a viable social system existed and had there been a well developed party system which could challenge and force the leaders without actually destroying the system. In short, the government could have been saved had the parties desired a change "within the system" rather than a "system change." But in reality the aristocrats, a large percentage of the military, the Social Democratic Party, and the Communist Party were hoping for the destruction of the precarious balance of the government. These groups, which violently opposed one another, had one common goal: each wanted Károlyi to fail so that they could take power.

The Social Democratic Party, which controlled the large labor population of the cities through the various trade unions, was the largest political group. It advocated reform rather than revolution and hoped to gain power through the enlarged electorate presumably sympathetic to the Social Democratic Party. Hence, it concentrated all its efforts toward the adoption of a liberal franchise law. In addition to being reformist, the Social Democratic Party was extremely opportunistic. Its leadership did not hesitate to use every possible means to take power. The party leadership, as well as the membership, was badly divided, however, and the effectiveness of the Social Democrats was thereby curtailed.

This division within the Social Democratic Party was evident from the beginning of the first decade of the century when a syndicalist group attempted to modify the Social Democrats' reformist line. In 1914 the syndicalists were joined by pacifists and pro-Allied sympathizers. As the War progressed, and especially after the two revolutions of 1917 took place in Russia, a new stimulus was added to the efforts of these factions. As the Monarchy's armies on the eastern front disintegrated and were defeated, the dissatisfaction with the War drew all those elements opposed to the fighting into the extreme left wing of the socialist party. The various antiwar organizations were also aided by some of the Russian Bolshevik and Social Revolutionary prisoners of war interned in Hungary as well as by those prisoners of war who returned from Russia after the Bolshevik Revolution.

The Social Democratic leadership responded very ineffectively to the challenge of the groups which agitated for ending the war. The party leadership did not yield to pressure from within and failed to strongly endorse an antiwar policy; they theoretically advocated ending the war but continued to adhere to their old line emphasizing the importance of enlarging the franchise. In general the party leadership was not leading; it was merely responding to the pressures of the extreme left wing. The party leaders tried to place themselves at the head of the movement, but they often found themselves discredited and outmaneuvered.

The greatest organized challenge to the Social Democrats came from the Communist Party of Hungary, which originated in Russia. To many Hungarian prisoners of war in Russia, the Bolsheviks' program promised salvation and an end to the wretched conditions of the prison camps. The Hungarian prisoners were an excellent target for Bolshevik propaganda because camp administrators discriminated against non-Slavs and because the Austro-Hungarian government made no effort to provide for their troops in captivity. In addition, the Hungarian troops were particularly bitter against their officers who, even in the prison camps, lived under much better conditions than did their men. This bitterness left them ripe targets for Bolshevik agitation. In the summer of 1916 Communist study groups were established among the prisoners of war; their numbers and influence among their fellow inmates continued to grow throughout 1917. At that time, however, the pro-Bolshevik prisoners did not attempt to establish an independent party, separate from the Russian Bolsheviks, but instead functioned as a part of the Russian Communist organization.

Several hundred Hungarians, including Béla Kun and Tibor Szamuely, fought for Bolshevik victory during the Russian October Revolution and participated in the fighting in Moscow and twenty-five other Russian cities. From this nucleus there grew a loose organization of revolutionary groups whose task was to enroll Hungarian prisoners of war in international units to fight for the Bolsheviks. The Bolsheviks attempted to gain the support of the Hungarian prisoners through several prisoner-of-war organizations, and newspapers were published in Hungarian to spread the Bolshevik propaganda among them. Initially, however, no attempt was made to organize separate national parties among the prisoners of war.

In early March, after concluding the Treaty of Brest-Litovsk which limited Bolshevik propaganda activities among the prisoners of war, the Russian Bolshevik leadership decided that the time was ripe for the formation of national Communist sections. These sections were to exist within the framework of the Russian Communist Party and were not separate national parties. This decision was implemented at the Conference of Internationalist and Left Social Democratic Prisoners of War, held on March 14, 1918, in Moscow. On the following day, according to Lenin's Report to the Eighth Congress of the Russian Communist Party, the Rumanians were the first to establish a national Communist section. On March 24 the Hungarian Communist section was founded. A month later the German group was created. Yugoslavs, Finns, and Bulgarians followed suit in May, July, and October, respectively.

Although there were very few members in these groups when they were founded, the number of foreign Communists in these sections continued to grow. In spite of the support from the Russian Bolsheviks, however, there were still less than a thousand Hungarian Communists by

October 1918. Considering that there were over 500,000 Hungarian prisoners of war, the Hungarian Communists were not extremely successful. Yet, their numbers do not reveal the full story. Among the 80,000 to 100,000 Hungarians who fought with the Bolsheviks in the events following the Russian Revolution of October 1917 were a great many former prisoners of war who were at least sympathetic to the Bolshevik ideals even though they were not members of the Communist Party.

The small membership of the independent foreign groups apparently was lost within the large membership of the Bolshevik Party. It was probably for this reason that, at Lenin's suggestion, on May 9, 1918, a Federation of the Foreign Groups of the Russian Communist Party was established. Its purpose was threefold: (1) to convert the prisoners of war to the ideals of Bolshevism; (2) to enlist their aid in spreading the revolutionary ideals of the Bolsheviks to the homeland of the prisoners of war; and (3) to enlist those prisoners of war who stayed in Russia into the fighting units of the Red Army.

The Federation was far more successful than the independent units had been. By the middle of September 1918 there were nearly 2,000 members in the group, the Hungarians comprising the largest section. It was probably as a result of this plurality that Béla Kun was elected President of the Federation.

Through the help of the Bolshevik Party, each group established newspapers. They also began publishing the texts of Marxism-Leninism translated into their native tongues and set up agitator schools in the larger cities. Once more, however, their success was not numerically impressive: the Hungarians sent only 102 graduates from these agitator training courses back to Hungary.

The Federation, like its predecessor, certainly was quite successful in organizing the prisoners into fighting units, but in actually gaining party members its achievement was not notable. During the first two weeks of August, Lenin decided that the Federation was probably not as attractive to the prisoners of war as their own national Communist parties would be, but it was not until October 24 that a conference was held for the prisoners from Austria-Hungary. There Kun proposed the establishment of the independent Communist Party of Hungary. Apparently the participants did not agree to his proposal and as a compromise measure a Union of the Communists of Hungary was founded on October 25. But six days later the October Revolution broke out in Hungary and this event spurred the Hungarian Communists to take one more step. The transformation of the Union into a party took place on November 4 in Moscow when the Communist Party of Hungary was established.

The October Revolution in Hungary was greeted by the Hungarian and Russian Communists as the beginning of the long-awaited world revolution. The Hungarian Communists called on all Hungarian prisoners of war to return to their homeland as soon as possible so that they could contribute to the success of the international revolution. The Hungarian Communists theoretically subordinated themselves to the guidance of the Central Committee of the Russian Communist Party. They set up a Central Committee and hastily began preparations to return to Hungary. With the exception of Tibor Szamuely, the leadership of the Hungarian Communist Party was back in Hungarian territory by the middle of December. The returning members of the Hungarian Communist Party numbered only a few hundred people. The fact that they succeeded in establishing a dictatorship of the proletariat within four months could not have been due to their numerical strength, but rather to the failure of the Károlyi government.

Upon their return, the Hungarian Communists established contacts with groups which opposed the policies of the Social Democratic Party. These opposition groups consisted of the left-wing Social Democrats, the extremely leftist Revolutionary Socialists (a group which attracted mostly young people), the engineers' groups, and the former prisoners of war, some of whom were already sympathetic to the Communists. The Communists re-established their party in Hungary by bringing together all of the leftist opposition groups.

The date of the establishment of the Communist Party of Hungary in Budapest is not certain; it probably occurred on either the twentieth or the twenty-fourth of November 1918. The Communist Party found itself the recipient of aid from several sources. The financial help of Soviet Russia presumably was an important source of support. The Party also received very valuable popular support from a great number of dissatisfied people, among them even some former Monarchists who actively opposed the Károlyi government and its pro-Entente policies. The emotional help which the Hungarian Communists received from the maimed, poverty-stricken, hungry people who, having returned from the front, found themselves jobless, homeless, and often without a family, was also a considerable advantage to them. Moreover, the Party had a tactical advantage because it certainly was easier to agitate for a change than to form a government and effectively implement changes.

In addition to rallying the masses, the Communists also succeeded in undermining the authority of the Social Democratic Party among the workers. Within a few weeks the Communists split the Social Democratic Party, and bitter fighting between the two labor groups began.

On February 20, 1919, a violent demonstration, led by the Communists, precipitated an armed clash between the marchers and police in Budapest. As a result of the clash, a number of policemen (estimated at four to eight) were killed. Historians have long differed as to the nature of this event. Some hold that it was an act of provocation organized by the Social Democrats, while others compare it to the Russian Bolsheviks' premature move in July 1917. Still others attribute it to the influence of the Spartacist example. Whatever the case may be, the fact remains that this uprising caused the government to make its first determined move against the Communists. It arrested and imprisoned all the Communists that could be found, including Béla Kun. The government's move initially received a great deal of public sympathy as a Communist plan to capture power was exposed to the people. The death of the policemen also seemed to turn the people against the Communist Party. But the Communists received unexpected aid from the reversal of popular sentiment resulting from newspaper accounts of the beating that Kun received after his arrest. A picture of his bandaged face published in the major newspapers of the capital changed the anticommunist feeling practically overnight into an anti-government feeling. The Communists were also aided when Moscow demanded the release of the Hungarian Communists and in reprisal arrested three members of the Hungarian military mission in Moscow. The government move against the Party was also ineffective because the Károlyi government failed to enforce the ban against the Communist Party. Within two weeks the leaders who had not been arrested succeeded in resuming publication of the Communist newspapers and were plotting to liberate the leadership. The date of the proposed liberation was March 23, 1919, but actually Kun and his colleagues were freed before the coup took place.

Hungary was in a desperate situation. Unemployment was the rule rather than the exception; hunger and starvation were rampant. The Czech armies were fifty miles from the capital, and a general feeling of apathy and revulsion against the promises of the government was coupled with a mistrust of the Allies. The result was a desire for change—any change. Within the government, dissension blocked needed reforms. Demonstrations crippled the city and there was no army or effective police to control them. The local militia, the People's Guard, established after the October 1918 revolution to maintain order in the cities, was under considerable Communist influence and could not be depended upon. A printer's strike even stopped the presses and there was no news coverage.

It was in this atmosphere that on March 20, 1919, an Allied ultimatum was delivered by Lieutenant Colonel Vyx of the French Military Mission in Budapest. This note demanded surrender of large tracts of Hungarian territory, including the second and third largest cities of Hungary, Debrecen and Nagyvárad. Furthermore, the order had to be complied with within ten days. Vyx intimated that if the ultimatum was not accepted, hostilities against Hungary might be resumed by the Allies, and he stated that the borders of Hungary thus established would probably be the final borders of the country.

The Vyx ultimatum toppled the liberal, democratic Hungarian government. According to the officers of the General Staff, it was militarily impossible to comply with the order. Mass indignation would have swept away any government that had accepted such conditions. The policies of the government, based on the hope that the Allies would recognize that they were dealing with a country that was building democracy, clearly resulted in a failure. The Allies in Paris obviously felt that they were dealing with a vanquished power.

The coalition government dejectedly resigned. Károlyi hoped for the formation of a Social Democratic government, but the Social Democratic Party was split from within and was too weak to take control of the government. The Communists also were not strong enough to take power alone. Since there were no other groups willing to govern, the Communist Party and the Social Democratic Party, formerly archenemies, were unified in a coalition party under the guidance of Béla Kun, and the Hungarian Soviet Republic was established on March 21, 1919.

The creation of the Hungarian Soviet Republic was a result both of Károlyi's failures and of anti-Western feeling, but it was also influenced by the presence of the Russian Red Army in the vicinity of the Hungarian borders in mid-March. Unfortunately for Kun and his supporters, however, the Russian Bolsheviks suffered severe setbacks during the spring and summer of 1919, leaving a hostile territory between the two Communist powers.

The news of the new Soviet regime jolted the Paris Peace Conference. The declaration of the dictatorship of the proletariat was followed by the rapid withdrawal of all of the Entente diplomatic missions except some Italian representatives. Although some French circles wanted an early intervention in Hungary as a prelude to the wholesale invasion of Russia, Americans in Paris were reluctant to act. Instead of a precipitate military action, a diplomatic démarche was made in the form of a delegation which was sent to Hungary. The mission, led by General Jan C. Smuts, included Allen Leeper and Sir Harold Nicolson. The purpose of the mission was very vague but it is relatively clear that one of its aims was to determine whether Kun could be used as a means of communication with Lenin. The presence of these representatives in Hungary offered the possibility of a rapprochement between Hungary and the West, but it was not exploited due to Kun's lack of diplomatic ability and the dogmatic attitude of the mission itself. Be that as it may, the fact that the Smuts mission was unsuccessful meant that the Allies in Paris were not willing to accept the Hungarian Communists as negotiating partners. But it did not mean that there had to be a full-scale military offensive initiated against the Communist regime.

Since there was no large-scale Allied offensive in preparation, the Rumanian and Czech governments started military activities against the Hungarian government, in the name of the Allies. That the Paris Peace Conference did not initiate these attacks is certain; it is also true, however, that once these actions did start, many of the lower-ranking discussants at Paris had great hopes for their success. In Hungary, however, the attack on the Communist government produced an unexpected reaction. Following the celebrations on May 1, Hungarian nationalism, coupled with the ideals of communism, succeeded in mobilizing the defunct army. Within five weeks the Hungarian forces halted the Rumanians in the east, liberated the territories occupied by the Czechs, and routed the Czechs' northern army. The Hungarians occupied Prešov (Eperjes) and Košice (Kassa) and set up a Slovak Soviet Republic. These events once more prompted hopes for linking the Russian Soviet and Hungarian Soviet territories. The Hungarian successes also drove a wedge between the Rumanian and Czech fronts.

Many of the Allied representatives felt that the Czechs and Rumanians deserved the defeat they suffered at the hands of the Magyars because of their aggressive attack and unreasonable attitude. Nonetheless, the Czechs and Rumanians could not be abandoned by the Allies. Help began to reach them in the form of French military leaders and supplies. On June 7, 1919, the Allies also sent an ultimatum to Kun ordering cessation of hostilities, informing him that the Hungarians were about to be invited to talk peace at Paris when the Magyars attacked, thereby implying that if hostilities stopped, the Communist regime would be recognized, or at least invited to discuss the peace settlement. Six days later, on June 13, 1919, another ultimatum was dispatched defining new boundaries for Hungary and demanding that the Hungarians withdraw to the newly drawn lines or face a termination of negotiations. The fact that there had been no negotiations in the past and that the lines laid down were not negotiated did not alter the situation: Kun was faced with the possibility of Allied military intervention. Kun had no choice but to accept, and the Hungarian Red Army began to withdraw from the occupied territory.

Kun's foreign policy was greatly criticized by many of his colleagues in the government, and the general dissatisfaction with his decision to withdraw found expression in an abortive military coup in Budapest on June 24, 1919. Although the coup was crushed, Kun's withdrawal from Slovakia cost him the support of the Hungarian nationalists and left him relying on the support of a small segment of his party and his army.

The Allies, however, on Herbert Hoover's recommendation, now considered the Hungarian Soviet Republic an economic danger to the rest of Central Europe and still contemplated its removal by military and economic means. Although the Czechs and the Yugoslavs were reluctant to fight again, the Rumanians were more willing to start operations against Hungary. Many of the leading French generals and Lord Balfour favored direct military intervention against the Communist regime. They were not able to get their point of view supported by the leaders of the Peace Conference until July 21, when Balfour was provided with evidence that Kun's regime had aggressive aims. On that date the Hungarians attacked the Rumanians on Hungary's eastern front.

The motives for the attack on Rumania are not clear. It was probably an attempt to rally the dissatisfied Hungarians behind Kun. It is known that the Communist International assisted Kun by calling for a general strike on July 21 which would have crippled Rumania's ability to repel the Hungarian attack. But the attack was motivated more by the regime's internal instability than the Hungarians' desire to conquer Rumania. Further, an abortive leftist coup by two Ukrainians on July 20-21 which attempted to replace Kun may also have helped motivate the Hungarian attack. But Hungary's fighting capacity was severely limited by the low morale of the troops, largely due to the withdrawal from Slovakia, and by the severe shortage of supplies. At any rate, the Hungarian offensive failed and the Rumanian counterattack brought their troops to the gates of Budapest. Faced with the occupation of his country, Kun resigned on August 1 and left the Hungarian capital for Vienna and exile.

Although Soviet Russia supported the Hungarian Communist Party prior to the founding of the Hungarian Soviet Republic, Kun received very little aid from Moscow during the 133 days of his rule. Certainly there is no truth in the charge that Kun was Moscow's "servant and lackey." His policies, especially in internal matters, were independent to the point of running counter to those of Soviet Russia and the Communist International. Furthermore, it was extremely difficult for the Russian Bolsheviks to give Kun any tangible support. Instead they offered advice, resolutions, warning, and encouragement. Articles in the Communist press about the events in Hungary, the resolutions passed in support of the Hungarian Soviet, the declarations addressed "to all" calling them to help Hungary, did not accomplish much; in fact, they probably were detrimental to the Hungarian Soviet government, because they helped to convince other nations that there was a worldwide Communist threat. This publicity supported the claims of those who at that time insisted that communism should be contained by arms, and weakened the position of those who were willing to take a reasonable approach in dealing with the situation.

Although it is clear that the Hungarian Soviet Republic fell as a result of external events and policies, it is equally clear that a number of internal events weakened the position of the government. Initially the government gained a large number of supporters from those segments of the population which were carried away by nationalist fervor. These elements hoped that the Communists, by adopting a nationalistic policy, would, and could, serve the national interest of Hungary rather than the interests of international communism. The disappointment that came to them after the withdrawal from Slovakia made them irrevocable enemies of the regime.

The Communists, in addition, saw no alternative in March to joining the Social Democrats in the Socialist Party of Hungary. But this unification did not mean that the leaders of the two parties completely agreed on a joint policy. The extreme right wing of the Social Democrats withdrew and they took along with them the top echelon of organizers and many of those who were most experienced in politics. Many of the liberal socialists did not agree with the tactics of the unified party, and after the withdrawal from Slovakia they began to plot for the overthrow of the Communist regime. In spite of Lenin's warning, Kun supported the unification, although in the unified party the Communists were in the minority and could not successfully establish a Russian-style dictatorship of the proletariat.

The Communists made several mistakes which proved detrimental to their own interests. Their biggest blunder was a decision not to divide the land among the peasants. Instead of giving land to the peasants, Kun's government began a program to nationalize the lands; and the large latifundiae, although theoretically nationalized, remained intact. These policies proved disastrous. The peasants were alienated from the regime and they did everything in their power to deprive the cities of food and bring about the downfall of the government. The government used sporadic violence against the peasants, alienating the countryside still further.

Other problems which beset the regime included a sharp drop in production, resulting from an almost complete disintegration of labor discipline. The government was also beset by serious currency problems. The peasants and most of the people in the cities refused to accept the new "white" money printed by the Communist regime and there was not enough old "blue" money in circulation to meet the demand. Added to these internal difficulties were the loss of public confidence in the government and a serious famine caused by the Allied blockade of Hungary.

The mills and factories lacked fuel and were standing idle. Unemployment and fear of nationalization closed the stores. There were very few products to buy and no trusted money with which to buy them.

When the Communist government came to power, it inherited not only a nation ruined by a war and afflicted with a bankrupt social and economic system but also one of the most educationally and hygienically backward countries in Europe. The Communists tried to solve some of these problems. They made an effort to promote educational reforms, they attempted to correct the dreadful problems created by negligence in matters of health and sanitation, and they instituted programs to feed and care for children of the poor. They also gave support to writers and artists. The regime's notable military successes speak well for the Kun regime's sporadic abilities to rally and utilize public support. These accomplishments are to the credit of the government of the Hungarian Soviet Republic.

In retrospect, the Hungarian Soviet Republic, the Commune of 133 days, with its successes and failures left a deep mark on Hungarian history and on the people of Hungary. The events of 1919 were used during the following decades to justify the domestic and foreign policies of the successive regimes. The Hungarian Communist leadership continued an intraparty squabble over the interpretations of the history of the Soviet Republic in Hungary. Even today an ideological battle is being waged within the Hungarian Socialist Workers' Party concerning the policies of the Commune.

The Historiography of the Hungarian Soviet Republic

Several difficulties face scholars who attempt to make an objective study of the history of Hungary during 1918-19. The chief obstacle stems from the fact that a significant portion of the material on these years was destroyed by fire and the ravages of war and revolution. Of the archival material relating to the Hungarian Soviet Republic and collected between December 1919 and March 1923, only a small portion is in existence. The rest was either thrown away or destroyed during World War II and the Hungarian Revolution in 1956. Some was declared unimportant or was discarded because it was dangerous to the various regimes (Horthy's as well as Rákosi's). According to one estimate only 11 per cent of the documents relating to the affairs of the Hungarian Soviet Republic can be found in the Hungarian National Archives and another insignificant percentage in other Hungarian archives.

The most important documents available today can be located in the Archives of the Institute of Party History, the National Archives of Hungary, the Archives of Military History, the Central Economic Archives, and the Archives of the Capital (Budapest). A few documents can also be found in various religious archives but they do not constitute a quantitatively important depository.

Outside of Hungary only a few libraries and institutions have relatively extensive collections of Hungarian material from the 1918-19 period. The Hoover Institution at Stanford is perhaps the most important depository for the documents which found their way to the United States. The National Archives in Washington, D.C., has a small amount of material relating to Hungary, while the Manuscript Division of the Library of Congress has a significant amount of works relating to Hungary, written largely by the various Americans who were involved with the affairs of the Paris Peace Conference. Of these documents, the folders of General Tasker Bliss are perhaps the most revealing. The newly opened Herbert Hoover Archives, located in West Branch, Iowa, is known to contain some reference to Hungary, although much of the material refers to the period after the fall of Béla Kun.

The national archives of Austria, the Netherlands, and France contain some information, although in none of these places can one expect to find a great deal of relevant material. Perhaps the most important archival sources which have not been opened freely to Western scholars are the Party Archives of the Moscow Institute of Marxism-Leninism and the Central National Archives of the Red Army. The majority of documents relating to the participation of the Hungarians in the Russian Civil War and the Russian origins of the Hungarian Communist Party are located there. To date, unfortunately, there has not appeared a comprehensive catalogue listing the various materials and identifying their location.

The difficulties do not end with the availability of only a relatively small number of documents and primary sources. Indeed, another problem that faces the researcher is the fact that much of the material written on the subject by the participants and by Western observers contains distorted, subjective interpretations.

The historiography of the Hungarian Soviet Republic presents several conflicting and changing views. One may differentiate generally between the writings of three groups—Western observers, anticommunist writers who supported Admiral Horthy's regime, and émigré historians. This last group contain three general subdivisions consisting of bourgeois-liberal, socialist, and Communist works.

Outside of Hungary after the failure of the Soviet Republic, several foreign observers published their memoirs and diaries. Most of those who were involved with the Allied powers regarded the regime in an extremely hostile light and their memoirs often reflected this view. It is therefore not surprising that the memoirs of people such as Ellis Ashmead-Bartlett and Harold Nicolson are frequently spiked with undisguised hostility toward the Communist government. A somewhat more objective approach may be found in the works of Professor Philip Marshall Brown and John

Dempsey as well as Franz Borkenau.

The Western scholars who were not involved in the events of 1919 have largely neglected this phase of Hungarian history and often glanced over the events of 1918-19 with considerable negligence. Lately, in the 1960's, several scholars have begun exploring this area and, as a result, a number of articles and books have appeared or are scheduled for publication under the authorship of János Bak, David Cattell, István Deák, Frank Eckelt, Charles Gáti, Andrew János, Péter Kenéz, Alfred Low, Rudolf Tőkés, Gábor Vermes, Tibor Zsuppán, the author of this volume, and several other scholars.

Immediately after the fall of the Hungarian Commune, many reminiscences were published in Hungary which reflected the bias of those who had suffered under the dictatorship of the proletariat, or those who for various reasons turned their backs on the Kun regime. The works written during the first ten years of Admiral Horthy's rule largely reflect the view that there were no positive accomplishments to be credited to the regime and that it was the existence of the Soviet Republic which was responsible for Hungary's dismemberment at Trianon. The counterrevolutionary works published in Hungary during these years were largely written in the form of memoirs or reminiscences rather than objective historical studies. Several somewhat better-documented, though still biased, works of this type were published by József Breit, Gusztáv Grátz, Albert Kaas, and Fedor de Lázárovics, but they still reflect the anti-Károlyi, antiliberal, anticommunist bias of the Horthy era. A few of the works, such as those written by László Szabó and Gyula Szekfü, are far less subjective than most of the works listed above. However, viewed as a whole, an objective history of the Kun government was not written in Hungary during Horthy's rule.

The émigré writers who in the main left Hungary after the fall of the Soviet Republic have also contributed greatly and perhaps most significantly to the history of the Hungarian Communist regime of 1919. A group of liberal émigrés, many of whom were eager supporters of the Károlyi regime, have written voluminously on the subject. Unfortunately, their works often lack authenticity as a result of an understandable lack of documentation. These liberal émigrés usually attempted to portray the Károlyi regime in a favorable light—often in too laudatory a vein—in order to refute the writings of the Horthy-era historians, and many of their works written immediately after Kun's fall are little more than simple polemics.

By far the most important and well-received work of the liberal émigré authors was written by Professor Oscar Jászi. His work was followed by the accounts of Michael Károlyi, Ludwig Hatvany, and many others. In spite of their relative objectivity these works still contain the emotional overtones characteristic of memoirs because their authors attempted to vindicate themselves and their policies.

After August 1919, the socialists also attempted to justify the policies they followed during the Soviet Republic. But the socialists were badly divided before and during the establishment of the Hungarian Soviet Republic and this dissension continued even in their exile; indeed, it increased in intensity. In general, however, the Social Democrats who wrote about this era agreed that the failure of the Hungarian Soviet Republic was the fault of the Communists. Attempting to rescue their position in the power structure of the Hungarian working class, they heaped the blame on their former co-partner in government.

The two most important Social Democratic works published after the fall of the Soviet Republic were written by Ernő Garami and Vilmos Böhm. In their volumes the Soviet regime is not presented in an objective manner; the authors' extremely strong bias in favor of the Social Democratic Party made it impossible for them to give credit to the Communists whom they considered to be the cause of the government's failure. Nonetheless, Böhm, who was closely associated with the policies of the Hungarian Soviet Republic as the Commander of the Red Army, indicated that under the conditions existing in March 1919 the establishment of the dictatorship of the proletariat was a necessity.

In later years the works of two other Social Democratic émigré leaders, Mano Buchinger and Jakab Weltner, were published after their return to Hungary. The authors attempt to whitewash the socialists, although Buchinger's viewpoint is somewhat more moderate than the other authors of this genre. In general, it may be said that the works of the Social Democrats, whether written inside or outside Hungary, concentrated on glorifying the role of their own party and criticizing the Communists for the failures of the Soviet Republic.

While the Social Democratic historians may be accused of anticommunist bias, the Communists, following the fall of the regime, wrote equally distorted accounts. Communist post-mortem publications after August 1919 were extremely biased and often were even less well documented than those of their Social Democratic counterparts.

Following the end of the Hungarian Soviet Republic, many of the Communists left Hungary and spent the remainder of their lives as exiles either in Moscow or in the various capitals of the West. Immediately after August 1919, the members of the Hungarian Communist Party closely supported those leaders who were in Vienna. There, from the beginning of 1920, an active Hungarian Communist press published brief journalistic accounts written by the former leaders of the Soviet Republic who strove to justify their policies during the 133 days. Most of these, as well as similar works published in Moscow during 1920 and 1921, attempted to blame the fall of the Hungarian Soviet Republic on the Social Democrats, whom they charged with betrayal of the dictatorship of the proletariat.

The question of responsibility for allowing the Social Democrats to betray the Communist Party, and consequently, the responsibility for the unification of the two parties split the Communist émigrés into two groups. Those who supported the unification with the Social Democratic Party backed Kun and considered his policy to have been correct, while those who blamed Kun personally banded around László Rudas and other members of the former left wing of the Communist Party of Hungary. Many other aspects of the Soviet Republic also divided the Communist émigrés, such as the question of the land policy, the withdrawal from Slovakia, the problem of nationalization, and the question of "national Bolshevism."

The party in exile split into bitter factions, each group fighting the other, defending its views, and denouncing the opposition in sharp terms. During the summer of 1920 Béla Kun arrived in Moscow and the factional fight was intensified. Most of those who supported Kun were already in Moscow, while the opposition stayed in Vienna and looked to Jenő Landler as their leader. The fight between these two groups became so sharp that the Executive Committee of the Communist International finally had to put a stop to it. It disbanded the Hungarian groups in Vienna, meted out severe punishments to the recalcitrants, and in March 1922 considered the question closed.

The result of this decision was that during the years 1922-25 relatively little was written by Hungarian Communists concerning the history of the Soviet Republic. It was not until the summer of 1925 that the Hungarian Communist Party attempted to piece the Hungarian movement together. From that time on a fairly large amount of material was published, mostly in Moscow, Vienna, and Paris, in various periodicals and journals. These works emphasized the accomplishments of the Soviet Republic, but they also were critical of Kun's agrarian policy, his inept handling of the nationalization, and his use of War Communism. In 1928 and 1929 the Communist groups published a great many articles, mostly in Western, Hungarian-language, Communist journals, in which from a distance of ten years they attempted to evaluate the role of the Hungarian Communist Party and the Kun regime. For scholars of the period these articles are an invaluable source of material, for they contain much factual information which cannot be found anywhere else.

These years, it must not be forgotten, were the years during which the Communist International intensified its fight with the Social Democratic parties which were considered to be the greatest enemy of the Communists. It is for this reason that the Hungarian Communist Party also changed its interpretation of the role of the Social Democrats during the Soviet Republic. While for many Communists, especially Kun, in the past the unification had been considered a necessary evil, during 1928-29 it again began to be viewed as the sole cause for all the failures of the past and the fall of the Hungarian Soviet Republic. This view was even more sharply stated after the Sixth Congress of the Communist International in 1928.

After 1929 the center of Communist publications once more shifted back to Moscow. These were the years of collectivization and industrialization in the Soviet Union, and many of the former Hungarian Communists participated in these activities. But these were also the years during which the Communist International was transformed, according to Professor Bernard S. Morris, "from a voluntary association of equals into an appendage of the Communist Party of the Soviet Union and finally into an instrument of Stalin's personal rule."* The history of the Hungarian Soviet Republic also became entangled in the power struggle waged in the Soviet Union between Stalin and his opponents, and several pamphlets written after 1929 reflect their authors' positions in the various debates. It was during these years, however, that for the first time it was clearly and consistently admitted that, although the Communists made many mistakes, the Soviet Republic was predestined to fail as a result of the international situation and the impossibility of establishing contact between the armies of Hungary and Soviet Russia.

During the years 1935-41 materials published in the Soviet Union on the Hungarian Soviet Republic were relatively sparse. These were the years of the rising terror of Stalin during which many Hungarian Communists, including Béla Kun, perished. Most of the works that were written, however, included a new position, reflecting the Communist International's switch from its earlier policy of fighting against the Social Democrats to a united-front tactic against fascism. Under the new policy the anti-Social Democratic bias was considerably toned down and was aimed only against the right-wing Social Democrats. During these years the October Revolution was considered to be one of the great accomplishments of Hungarian history. In order to gain the support of the peasantry, the historiography of the Hungarian Soviet Republic during this period maintained that a mistaken agrarian policy and the lack of a satisfactory land reform were the most important reasons for the failure of the Republic.

During the purges of 1936-38, a few works were published in Moscow in which the leaders of the Soviet Republic were condemned as traitors to the cause of communism. Kun was especially severely denounced by the Stalinists, and his liquidation was viewed with a certain glee by many of his surviving former colleagues. After 1938 Kun became an "un-person" and little mention was made of him until 1955-56.

Following World War II, between 1945 and 1948, a new era began in the historiography of the Hungarian Soviet Republic. During this period those Communists who had lived through the purges and the war came back from the Soviet Union to Hungary to take up various positions in the newly organized Hungarian Communist Party and in the new democratic government. In general, every effort was made not to frighten the people by a new impending dictatorship of the proletariat. As a result, the few works written on the Hungarian Soviet Republic emphasized its progressive character. They extolled the unity of the workers and the eminent accomplishments of the October Revolution and its leader, Károlyi. They called the mistaken handling of the land problem a great blunder, and there was little emphasis on the betrayal of the Social Democrats. Once more the reason for the fall of the Republic was attributed to the difficult international situation.

The policy of the first three postwar years was sharply altered after November 1948. Several articles and books were published during the following years. The new direction was especially evident after the consolidation of Communist rule and the establishment of the Hungarian Workers' Party. This new direction condemned every aspect of the October Revolution, emphasized the betrayal by the Social Democrats, labeled Kun and his supporters as traitors to the proletariat, and considerably enlarged the role of Mátyás Rákosi. But even during the years 1949-56 the number of works written on the Hungarian Soviet Republic was relatively small.

A further change toward more objectivity in the treatment of the history of the Republic took place in the post-Stalin era following the rehabilitation of Béla Kun in February 1956 and the Revolution of October 1956. The works published during the last ten years in Hungary about the Hungarian Soviet Republic represent an entirely new era. Present Hungarian historiography of the Hungarian Commune emphasizes, naturally, the progressive role of the proletariat and the positive role of Béla Kun. Many of the works, including Mrs. Kun's biography of her husband, speak with great bitterness about the Stalinist terror and the treatment accorded Kun by the Rákosi regime and its historiographers. Most of the works treat the October Revolution as an extremely progressive accomplishment and Károlyi's contribution is once more emphasized. The value of the Hungarian Internationalists in the Russian Civil War is extolled and, for the first time in Hungary, a large amount of new material about this topic has been published.

*Bernard S. Morris, International Communism and American Policy (New York: Atherton Press, 1966), pp. 35-36.

In 1959 and 1969, following the celebrations of the fortieth and fiftieth anniversaries of the Republic, many new volumes were published in Hungary, including a valuable series of document collections, speeches, and memoirs of the former leaders. Several works about the local topical events connected with the Soviet Republic were also published. Hungarian historiography currently emphasizes the importance of the Soviet Republic as one of the most progressive phases of Hungarian history. With the passage of time the subject has become less sensitive and, with the passing of those who were closely involved with the events, a less emotional appraisal is taking place. Instead of diatribes and accusations, current Hungarian historians have done much to bring out hitherto unknown material about the Hungarian Soviet Republic. Their works, however, are written in the spirit of Marxism-Leninism, the ideology which serves as a framework for the current conception of history in Hungary. The fact that they hold this view, however, does not mean that their historical works are less worthy than those of other political persuasion. Historiography has not changed the events that occurred in 1918-19; it has only altered the interpretation of those events.

Understanding these interpretations will in turn help Western historians and political scientists in their attempt to engage in a cogent dialogue with their Hungarian counterparts. Perhaps out of this dialogue some of the hitherto unexplored white places on the map of Hungarian history may become a little better known.

Bibliography

I. Bibliographies, Documents, Reference Works

A. Books

Akademiia Nauk SSSR. Fundamental'naia Biblioteka Obshchestvennykh Nauk. Literatura o mezhdunarodnom revoliutsionnom dvizhenii; Oktiabrskaia Revoliutsiia i podëm revoliutsionnogo dvizheniia v Bolgarii, Vengrii, Polshe, Rumynii i Chekhoslovakii. Moscow: Izd. Akademii Nauk SSSR, 1959.

Az állami levéltárak tanácsköztársasági iratainak leltárai. Budapest: Országos Levétár 1959.

Benedek, Marcel, ed. Magyar irodalmi lexikon. Budapest: Akadémiai Kiadó, 1963. 3 v.

Bibliographia Hungariae, 1861-1921. Berlin: Ungarisches Institut an der Universität Berlin, 1923, 1926, 1929.

Bobula, Ida Miriam. The Hungarian Material in the Library of Congress. Washington, D.C.: Library of Congress, 1953.

Buchner, Eberhard. Revolutionsdokumente. Berlin: Deutsche Verlagsgesellschaft für Politik und Geschichte, 1921, 2 v. I, 398 p., II, n.a.

Budapest a Tanácsköztársaság idején az egykoru sajtó tükrében. Budapest: Fővárosi Szabó Ervin Könyvtár, 1959. 214 p.

Communist International. Almanach des Verlages der Kommunistischen Internationale, 1921. Hamburg: Verlag der Kommunistischen Internationale, 1921. 331 p.

Degras, Jane, ed. Soviet Documents on Foreign Policy. London and New York: Oxford University Press, 1951-53. 3 v.

Documents concernant l'exécution de l'armistice en Hongrie. Budapest: Magyar Külügyminisztérium, 1919.

Documents on British Foreign Policy, 1919-1939. First Series. London: His Majesty's Stationery Office, 1947.

Dokumentumok a magyar forradalmi munkásmozgalom történetéből. Budapest: Kossuth, 1964. 3 v.

Dokumentumok a magyar párttörténet tanulmányozásához, 1917 november-1919 augusztus. Budapest: Szikra, 1955. 238 p.

Durdenevskii, Vsevolod, and S. Bertsinskii, comps. Opyt bibliografii obshchestvennykh nauk revoliutsionnoe trekhletie, 1918-1920. Moscow: Gosizdat, 1925. 270 p.

Az 1919-es Magyar Tanácsköztársaság reformtervezete. Budapest: 1959.

1919. Tanácsköztársasági Eseménynaptár. Budapest: Szabó Ervin Könyvtár, 1959. 14 p.

A forradalmi időszak és a Magyar Tanácsköztársaság főbb eseményeinek kronológiája. Budapest: Magyar Nemzeti Múzeum, 1959. 30 p.

Gábor, Imréné, comp. A Magyar Tanácsköztársaság plakátjai. Budapest: Kossuth, 1959. 27 p. + 48 reproductions. Also in German and Russian.

_____. Ujságrajzok, 1919. Budapest: Képzőművészeti Alap Kiadóvállalata 1959. 55 p.

Göcze, Géza, and Antal Perepatits. A vörös Győr. Győr: MSzMP Győr-Sopronmegyei Bizottsága, 1964. 285 p.

György, Ernő. A Tanács-Magyarország gazdasági vonatkozású rendelkezései. Budapest: 1950.

Hammond, Thomas T. Soviet Foreign Relations and World Communism. Princeton: Princeton University Press, 1965. 1240 p.

Kálmánchey, Zoltán, et al., eds. A Pécsi Pedagógiai Főiskola Évkönyve, 1959-1960. Pécs: 1960. 341 p.

Kecskemét és Kiskunság 1919 Vörös Lobogója Alatt. Kecskemét: Katona József Könyvtár, 1959. 132 p.

Kelemen, Béla. Adatok a szegedi ellenforradalom és a szegedi kormány történetéhez. Szeged: Kelemen Béla, 1923. 605 p.

Kenyeres, Ágnes, ed. Magyar Életrajzi Lexikon. Budapest: Akadémiai Kiadó, 1967-1968.

Kőhalmi, Béla, comp. A Magyar Tanácsköztársaság Könyvtárügye. Budapest: Gondolat, 1959, 258 p.

Kőhalmi, Béla, ed. A Magyar Tanácsköztársaság könyvtárügye. Budapest: Országos Széchenyi Könyvtár, 1959. 211 p.

Köte, Sándor. A Tanácsköztársaság közoktatásügyi rendeletei. Budapest: Pedagógiai Tudományos Intézet, 1957. 184 p.

Kozocsa, Sándor. Magyar könyvészet, 1911-1920. Budapest: Egyetemi Nyomda, 1939-42.

A Legujabbkori Történeti Muzeum évkönyve. Budapest: 1959, 153 p. 1960-1961. 203 p.

Lengyel, Emil. 1000 Years of Hungary. New York: John Day and Co., 1958. 312 p.

Lisztes, László, comp. A Magyar Tanácsköztársaság dokumentumai Szegeden. Szeged: Szegedi Egyetemi Könyvtár, 1959. 159 p.

Literatura o mezhdunarodnom revoliutsionnom dvizhenii, 1917-1923. Moscow: Izd. Akademii Nauk SSSR, 1959. 190 p.

A magyar munkásmozgalmi sajtó bibliográfiája, 1848-1948. Budapest: Magyar Munkásmozgalmi Intézet, 1951-1959. 4 v.

A magyar munkásmozgalom történetének válogatott dokumentumai. Vols. V, VI, A, VI B. Budapest: Párttörténeti Intézet, 1956, 1959, 1960.

Magyar nemzeti bibliográfia, Budapest: Országos Széchenyi Könyvtár, 1958, 1959, 1960.

A Magyarország huszadik századi történetének tanulmányozásához szükséges bibliográfiák és segédkönyvek válogatott bibliográfiája. Budapest: Tankönyvkiadó, 1954. 33 p.

A Magyar Tanácsköztársaság a dolgozó népért: Képanyag. Budapest: MDPKV Agitációs és Propaganda Osztálya, 1956. 46 p.

A Magyar Tanácsköztársaság, 1919. Budapest: Munkásmozgalmi Intézet, 1949; Szikra, 1950. 351 p.

A Magyar Tanácsköztársaság forrásai a magyar állami levéltárakban. Budapest: Kossuth, 1960. 387 p.

A Magyar Tanácsköztársaság hősi küzdelmeiről. Budapest: Munkásmozgalmi Intézet and Szikra, 1954. 272 p.

A Magyar Tanácsköztársaság plakátjai az Országos Széchenyi Könyvtárban. Budapest: Országos Széchenyi Könyvtár, 1959. 249 p.

A Magyar Tanácsköztársaság sajtójának bibliográfiája. Budapest: A Magyar Szocialista Munkáspárt Központi Bizottságának Párttörténeti Intézete, 1960.

Matkovskii, N.V., ed. Proletarskaia solidarnost' trudiashchikhsia v bor'be za mir, 1917-1924. Dokumenty i materialy. Moscow: 1958.

Munkásmozgalom Fehér megyében. Dokumentumok. Székesfehérvár: Megyei Tanács, 1963. 180 p.

Nagy, László. A Tanácsköztársaság Veszprém megyei sajtójának cikkbibliográfiája. Veszprém: Megyei Könyvtár, 1959. 207 p.

Nagy, Zsuzsa, ed. Ajánló könyvjegyzék a Magyar Tanácsköztársaság történetének tanulmányozásához. Budapest: 1954.

Papers Relating to the Foreign Relations of the United States. The Paris Peace Conference. Washington, D.C.: 1947. 13 v.

Pecze, Ferenc. A Tanácsok Országos Gyülése (Doctoral Dissertation Abstract), Budapest: Magyar Tudományos Akadémia, 1958. 10 p.

Petrák, Katalin, and György Milei, eds. A Magyar Tanácsköztársaság művelődéspolitikája. Budapest: Gondolat, 1959. 381 p.

_____, and _____, eds. A Magyar Tanácsköztársaság szociálpolitikája. Válogatott rendeletek, dokumentumok, cikkek. Budapest: Gondolat, 1959. 376 p.

Petresca-Comnéne, Nicolas Michaël, ed. O Prima Experimenta Comunista in Ungria. Madrid: Artegrafia, 1957. 133 p.

Práger, Miklós. A Magyar Tanácsköztársaság sajtójának bibliográfiája. Budapest: Párttörténeti Intézet, 1960. 35 p.

Remete, László. A Szabó Ervin Könyvtár a Tanácsköztársaság alatt. Budapest: Fövárosi Szabó Ervin Könyvtár, 1957. 16 p.

Réti, László, ed. Magyar május elsejék. Dokumentumgyüjtemény. Budapest: Munkásmozgalmi Intézet, 1953. 320 p.

Röplapbibliográfia a Magyar Tanácsköztársaság kikiáltásának 35. évfordulójára, 1954 március 21. Budapest: Fővárosi Szabó Ervin Könyvtár, 1954. 20 p.

Sarlós, Béla. A Tanácsköztársaság fontosabb jogszabályai. Budapest: Magyar Jogász Szövetség, 1959. 31 p.

Siklós, András. Az 1918-19. évi magyarországi forradalmak. Budapest: Tankönyvkiadó, 1964. 192 p.

_____. A Tanácsköztársaság történetével foglalkozó marxista irodalom. Budapest: Az Eötvös Lóránd Tudományegyetem, 1956.

Soós, Magda. A vörös hajó. Budapest: Népszava, 1952. 130 p.

Staud, Géza. A Tanácsköztársaság szinház müsora. Adattár. Budapest: Szinháztudományi és Filmtudományi Intézet, 1959. 76 p.

Szabó, László. A bolsevizmus Magyarországon. A proletár-diktatura okirataiból. Budapest: Athenaeum, 1919. 240 p.

Szabó, László. Documents secrets des Bolchevistes. Berne: F. Wyss, 1920. 54 p.

Sztáray, Zoltán. Bibliography on Hungary. New York: Kossuth Foundation, 1960. 101 p.

Tiszay, Andor, et al., comps. A Magyar Tanácsköztársaság röplapjai. Budapest: Fővárosi Szabó Ervin Könyvtár and Országos Széchenyi Könyvtár, 1959. 299 p.

Tóth, András, ed. Tanácsköztársasági aprónyomtatványok az Egyetemi Könyvtárban. Budapest: Egyetemi Könyvtár, 1959. 19 p.

Uj magyar lexikon. Budapest: Akadémiai Kiadó, 1962. 6 v.

Vértes, György, ed. A Magyar Tanácsköztársaság kiadványai és az első kommunista kiadványok. Budapest: Országgyülési Könyvtár, 1958. 496 p.

B. Articles

Bak, János M. "Die Diskussion um die Räterepublik in Ungarn 1919," Jahrbücher für Geschichte Osteuropas, XIV, No. 4 (December 1966), pp. 551-78.

Balázs, Péter. "Az állami levéltárak részvétele a Tanácsköztársaság 40.-ik évfordulójának megünneplésében," Levéltári Hiradó, Nos. 3-4 (1959), pp. 141-50.

"Dokumentumok a Magyar Tanácsköztársaságról," Uj Március, No. 3 (March 1928), pp. 168-82.

"Dokumentumok a Nagy Októberi Szocialista Forradalom hatásáról Magyarországon," Társadalmi Szemle, VIII, Nos. 10-11 (1953), pp. 1050-63.

"Dokumentumok és visszaemlékezések 1919 hősi harcairól," Társadalmi Szemle, XIV, No. 1 (1959), pp. 63-68.

Domokos, László. "Forradalmi dokumentumok kalandos utja Szegeden," Délmagyarország, LI, No. 253 (October 26, 1961), p. 6.

Forgács, Sándorné, and Éva B. Jávorka. "Válogatott bibliográfia a Magyar Tanácsköztársaság évfordulójához," Honvédségi Pártmunkás, No. 1 (1959).

Gábor, Imréné. "A Magyar Tanácsköztársaság plakátjai a Széchenyi Könyvtárban," Párttörténeti Közlemények, V, No. 1 (1959), p. 210.

Gábor, Sándorné. "A burzsoá-szociáldemokrata Károlyi-kormány a dolgozó nép forradalmi harca ellen. Dokumentumok a magyar munkásmozgalom történetéböl, 1918 október 31 - november 20," Levéltári Közlemények, (1954), pp. 222-23.

_____. "Kun Béla és Csicserin táviratváltása," Párttörténeti Közlemények, No. 1 (1961).

Goriupp, Aliz. "Adalékok a kulföldi magyar sajtó bibliográfiájához," Magyar Könyvszemle, XXXIII, Nos. 1-2 (January-June 1926), pp. 124-33.

"Greetings to the Communists of Slovakia," The Communist International, I, No. 3 (July 1919), p. 378.

"Greetings to the Conference of the Socialist Party in Hungary," The Communist International, I, No. 3 (July 1919), pp. 377-78.

Györffy, Sándor. "Dokumentumok a Magyar Tanácsköztársaság levéltárpolitikájáról," Levéltári Hiradó, IX, Nos. 1-2 (1959), pp. 148-49.

_____. "A Magyar Tanácsköztársaság történetének forrásai az országos levéltárakban," Levéltári Közlemények, XXIX, Nos. 1-2 (1959), pp. 15-24.

Hajdu, Pál, "A kommunista sajtó a Tanácsköztársaság elött és alatt," Uj Március (1929, special issue).

"A helytörténeti kutatás jelentősége 1918-1919 történetének feltárásában," Valóság, II, No. 1 (1959), p. 144.

Incze, Miklós, Károly Jenei, et al. "A Magyar Tanácsköztársaság történetének forrásai a központi gazdasági levéltárakban," Levéltári Közlemények, XXIX, No. 3 (1959), p. 216.

Kaloeva, N. A., E. M. Kan, K. I. Kozyrina, I. I. Orlik, and N. D. Ratner. "Vliianie Oktiabr'skoi Revoliutsii na Pod'em Revoliutsionnogo Dvizheniia v Bolgarii, Vengrii, Pol'she, Rumynii i Chekhoslovakii (1918-1923 gody)," Voprosy Istorii, No. 10, (1957), pp. 181-200.

Komáromy, József. "A miskolci Vörös Örség naplója," Miskolci Hermann Ottó Muzeum Évkönyve (1964), pp. 165-74.

Komoróczy, György. "A magyar állami levéltárak tanácsköztársasági iratanyagáról készült ismertető leltár elméleti és munkaszervezési tapasztalatai," Levéltári Hiradó, IX, Nos. 1-2 (1959), pp. 7-14.

_____, and László Szücs. "A Magyar Tanácsköztársaság történetének forrásai a területi állami levéltárakban," Levéltári Közlemények, XXIX, No. 1 (1959), pp. 49-168.

Kun, József. "A Magyar Tanácsköztársaság történetének forrásai a Hadtörténeti Levéltárban," Levéltári Közlemények, XXIX, No. 1 (1959), pp. 169-80.

Kun, László. "Helytörténeti kiadványok a Magyar Tanácsköztársaságról," Valóság, II, No. 6 (1959), pp. 110-16.

Nagy, László. "A Magyar Tanácsköztársaság kiadványainak katalógusa," Jogtudományi Közlöny, XIV, Nos. 2-3 (1959), pp. 102-3.

Nagy, Zsuzsa L. "A Magyar Tanácsköztársaság történetének forrásai a magyar állami levéltárakban," Történelmi Szemle, IV, No. 3 (1961), pp. 369-70.

_____. "A Magyar Tanácsköztársaság történetének válogatott dokumentumai," Századok, XCV, No. 1 (1961), pp. 369-70

"Novye dokumenty o Vliianii Oktiabr'skoi Revoliutsii na strany zapada," Novaia i Noveishaia Istoriia, No. 4 (1957), pp. 223-32.

Práger, Miklós. "A Magyar Tanácsköztársaság sajtójának ismertetése," A Magyar Munkásmozgalmi Intézet Értesitője, No. 2 (1955).

Rudas, László, and Gábor Kohn. "A Kommunisták Magyarországi Pártjának jelentése a III. Internacionálé vezetőségéhez," Párttörténeti Közlemények, V, No. 1 (1959).

Siklós, András. "Adalékok a Magyar Tanácsköztársaság historiográfiájához," Századok, XCIII, No. 1 (1959), pp. 102-8.

_____. "Adalékok az 1918-1919 évi magyarországi forradalmak historiográfiájához," Párttörténeti Közlemények, VI, No. 4 (1960), pp. 24-67.

_____. "Kommunista szerzők munkái, marxista feldolgozások az 1918-1919 évi forradalmakrol a két világháboru között," Párttörténeti Közlemények, IX, No. 4 (1963), pp. 29-69.

_____. "A magyarországi sajtó a forradalmak időszakában," Magyar Könyvszemle, Nos. 1-2 (1963), pp. 73-84.

_____. "A Tanácsköztársaság történetével foglalkozó marxista irodalom," Eötvös Lóránd Tudományegyetem Évkönyve, 1955 (1956), pp. 359-65.

Soós, Katalin. "Adalékok a Magyar Tanácsköztársaság és az Osztrák Köztársaság kapcsolatainak történetéhez. A nyugat-magyarországi kérdés, 1919 március-augusztus," Soproni Szemle, XIII, No. 4 (1959), pp. 289-304.

Szabó, Gizella. "A Magyar Tanácsköztársaság eseményeinek időrendi táblázata," Párttörténeti Közlemények, V, No. 1 (1959), pp. 223 ff.

Szücs, László. "Tanulmány- és dokumentumkötetek a Magyar Tanácsköztársaságról," Levéltári Közlemények, XXXII (1961), pp. 215-18.

"Tagyob," Vörös Ujság, February 7, 1920, p. 4.

Varga, Jenő. "Die Ungarische Räterepublik," Jahrbuch für Wirtschaft Politik und Arbeiterbewegung. Hamburg: Kommunistische Internationale, 1922-23. 2 v.

"Vidéki hirlapirodalmunk a proletárdiktatura idején," Magyar Könyvszemle (January-December 1920), pp. 140-42.

II. General Works

A. Books

Agárdi, Ferenc. Revoliutsionnoe dvizhenie i stroitel'stvo kapitalizma v Vengrii. Moscow: Izd. Akademii Nauk SSSR, 1963. 276 p.

Andics, Erzsébet. Demokrácia és szocializmus 1918-19-ben. Budapest: Szikra, 1948. 151 p.

_____. Az 1919-es proletárforradalom előtörténetéhez. In Slovakian: Uhorske Roholnicke hnutie za svetovoy vojny g. 1914-1918. Bratislava: Nakl. Slovenskej akademie vied a cumeni, 1952. 61 p.

_____. Az 1918-as magyar polgári demokratikus forradalom. Budapest: Központi Pártiskola, 1945.

Balassa, Imre. Death of an Empire. London: Hutchinson and Co., 1936. 285 p.

Bárdos, László István. Bányászsziv és bányászököl. Tatabánya: Városi Tanács V. B., 1960. 163 p.

Békés, István. Október magyar hősei. Budapest: Magyar-Szovjet Társaság, 1955.

Berend, Iván, and György Ránki. A monopolkapitalizmus kialakulása és uralma Magyarországon (1900-1944). Budapest: Kossuth, 1958. 95 p.

Bertha, A. de. Magyars et roumains devant l'histoire. Paris: E. Plon, Nourrit et Cie., 1899. 483 p.

Bettelheim, Ernst. A Kommunisták Magyarországi Pártjának válságához: Kun Béla szerepe. In German: Zur Krise der kommunistischen partei Ungarns. Vienna: 1922.

Bihari, Mór, et al., eds. Kioltott fáklyák. Budapest: Tankönyvkiadó, 1963. 221 p.

Boevoe sodruzhestvo trudiashchikhsia zarubezhnykh stran s narodami Sovetskoi Rossii (1917-1922). Moscow: 1957.

Borkenau, Franz. The Communist International. London: Faber and Faber, 1938. 442 p.

_____. European Communism. London: Faber and Faber, 1953. 564 p.

Braunthal, Julius. Geschichte der Internationale. Hanover: Dietz, 1961. 380 p.

Braunauer, Sándor. The History of the Hungarian Labor Movement. Microfilm. Washington, D.C.: Photoduplication Service, Library of Congress, 1955.

Burks, Richard V. The Dynamics of Communism in Eastern Europe. Princeton: Princeton University Press, 1961. 244 p.

Bús-Fekete, László. Katonaforradalmárok. Budapest: "Ujságüzem," 1918. 115 p.

Bystrina, Ivan. Lidová demokracie. Prague: Nakl. Československá akademie věd., 1957. 240 p.

Cattell, David Tredwell. "Soviet Russia and the Hungarian Revolution of 1919." M.A. thesis, microfilm. New York: Columbia University, 1949. 122 p.

Clark, C. W. From Károlyi to Béla Kun. The Truth About the Revolution in Hungary. London: Ilford, 1920. 40 p.

Communist International. Armiia Kommunisticheskogo Internatsionala. Petrograd, 1921. 112 p.

Conin, Colomer Eduardo. El Comunismo en Hungria, 1919-1946. Madrid: Nos Graficas Valera, 1946. 240 p.

Crankshaw, Edward. The Fall of the House of Habsburg. New York: Viking Press, 1963. 459 p.

Csonka, Rózsa, and Ágnes Szabó, eds. A magyar és a nemzetközi munkásmozgalom története. Budapest: Kossuth, 1965. 492 p.

Eckhart, Ferenc. A Short History of the Hungarian People. London: G. Richards, 1931. 244 p.

Az első világháboru és a forradalmak Magyarországon. Budapest: Állami Nyomda, 1948. 10 p.

F. Gy. A felszabadult magyarokhoz. Budapest: Magyar Lap és Könyvkiadó, 1921. 14 p.

Fischer, Louis. The Soviets in World Affairs, 1917-1929. Princeton: Princeton University Press, 1951. 2 v. 892 p.

Fischer, Ralph T., Jr. "The Comintern in Russian Foreign Policy, 1919-1923." M.A. thesis. Berkeley: University of California, 1948.

Florinsky, Michael. World Revolution and the USSR. New York: Macmillan, 1933. 264 p.

Fogarasi, Béla, and Béla Illés. Magyar-orosz történelmi kapcsolatok. Budapest: MSZMT, 1945. 56 p.

Gaál, Endre. Szegedi adalékok a klerikális reakció népellenes harcához (1914-1920). Szeged: 1956. 40 p.

Gábor, Imréné. Küzdtünk hiven a forradalomért. Budapest: Kossuth, 1961. 23 p.

Gál, Benő. Az életszinvonal alakulása az 1914-22-es években. Budapest: Szakszervezeti Tanács, n. d.

Garami, Ernő. Forrongó Magyarország. Leipzig and Vienna: Pegasus, 1922. 243 p.

Gárdos, Mariska. Kilenc hónap. Budapest: 1919. 96 p.

Gárdos, Miklós. Két ösz között. Budapest: Kossuth, 1959.

Gedye, George Eric Rowe. Heirs to the Hapsburgs. Bristol: Arrowsmith, 1932. 290 p.

Gratz, Gusztáv. A forradalmak kora. Budapest: Magyar Szemle Társaság, 1935. 354 p.

Hajdú, Tibor. Az Őszirózsás forradalom. Budapest: Kossuth, 1963. 217 p.

Harminc éves a magyar kommunista mozgalom. Budapest: 1948.

Hatvany, Ludwig. Das verwundete Land. Leipzig, Vienna, and Zurich: 1921. 499 p.

Heckenast, Gusztáv. Magyarország története. Budapest: Akadémiai Könyvtár, 1954.

Hegedüs, Géza, ed. Századok és tanulságok. Budapest: Anonymus, 1946.

Hevesy, André de. L'agonie d'un empire: L'Autriche-Hongrie. Paris: Perrin et Cie., 1923. 281 p.

Horváth, Jenő. A milleniumtól Trianonig: 1896-1920. Budapest: Szt. István Társulat, 1938. 295 p.

_____. Modern Hungary, 1660-1920. Budapest: Magyar Külügyi Társaság, 1922. 232 p.

Horváth, Zoltán. Hogy vizsgázott a magyarság. Budapest: Népszava, 1946. 62 p.

_____. Magyar századfordulón. Budapest: Gondolat, 1961. 647 p.

Hulse, James W. The Forming of the Communist International. Stanford, Calif.: Stanford University Press, 1964. 275 p.

Hunya, István, Ottó Farkas, and István Tolnai. A magyar földmunkásság életéről, harcairól. Budapest: Táncsics, 1960. 150 p.

Iozef, I. Revoliutsionnyi Podëm v Vengrii. Moscow: Gosizdat R. S. F. S. R. "Moskovskii Rabochii," 1930. 86 p.

Islamov, Tofik. Politicheskaia bor'ba v Vengrii v nachale XX. veka. Moscow: Izd. Akademii Nauk SSSR, 1959. 410 p.

Israelian, V. L., and L. N. Nezhinskii. Noveishaia istoriia Vengrii, 1918-1962 gg. Moscow: Izd.-vo in-ta Mezhdunarodnykh Otnoshenii, 1962. 266 p.

Ivashin, I. F. Ocherki istorii vneshnei politiki SSSR. Moscow: Gospolitizdat, 1958. 559 p.

James, Cyril L. R. World Revolution, 1917-1936. London: Secker and Warburg, 1937. 429 p.

Jászi, Oszkár. The Dissolution of the Habsburg Monarchy. Chicago: University of Chicago Press, 1929. 488 p.

_____. Magyariens Schuld, Ungarns Sühne. Munich: Verlag für Kulturpolitik, 1923. 249 p.

_____. Magyar kálvária, magyar feltámadás. Vienna: Bécsi Magyar Kiadó, 1920. 283 p.

_____. Revolution and Counter-revolution in Hungary. London: P. S. King and Son Ltd., 1924. 299 p.

József, Farkas. Rohanunk a forradalomba; a modern magyar irodalom utja, 1914-1919. Budapest: Bibliotheca, 1957. 264 p.

Juhász-Nagy, Sándor. A magyar októberi forradalom története. Budapest: Cserépfalvi, 1945. 540 p.

Kabdebó, Loránd. Kiknek büne Magyarország mai helyzete? New York: Az 'Amerikai Magyarság', 1921. 32 p.

Károlyi, Count Michael. From Defeat to Victory. London: Lincoln and Prager, 1945. 68 p.

Kassai, Géza. Magyar történelmi sorsfordulók és a nemzetiségi kérdés. Budapest: Kossuth, 1959. 189 p.

Kelen, Jolán, ed. A szocialista tanitó mozgalom Magyarországon, 1900-1920. Budapest: Kossuth, 1958. 231 p.

Kemény, Ferenc. Kinek a büne a magyarországi bolsevizmus? Budapest: Kemény Ferenc, 1919. 32 p.

Kheveshi, Akuzius (Hevesi, Akos). Vengerskoe krestianstvo i ego bor'ba. Moscow: Gos. Izd.-vo, 1927.

Király, Dezső, József Lobányi, et al. A magyar munkásmozgalom története, 1867-1945. Budapest: Kossuth, 1960.

Kiss, Dezső. Parasztsors, parasztgond, 1919-1944. Budapest: 1960. 295 p.

Kölkedi, István, ed. A györi Wilhelm Pieck Vagon- és Gépgyár története, 1896-1956. Györ: W. Pieck Vagon-és Gépgyár, 1956. 231 p.

Kornis, Gyula. Hungary and European Civilization. Budapest: Royal Hungarian University Press, 1938. 37 p.

Korotkevich, G. Ia. Vengriia v 1918-1953 godakh. Moscow: Vysshai Partiinaia Shkola pri Ts.K. K.P.S.S., 1953. 60 p.

Kosáry, Domokos. A History of Hungary. Cleveland and New York: The Benjamin Franklin Society, 1941. 482 p.

Kovács, Béla. Zala megye munkásmozgalmának története 1867-től 1945-ig. Zalaegerszeg: Hazafias Népfront Megyebizottsága, 1955. 36 p.

Kovács, Endre, ed. Magyar-orosz történelmi kapcsolatok. Budapest: Művelt Nép, 1956. 456 p.

Krécsy, Béla. Misjudged Hungary. Budapest: 1920. 56 p.

Kristóffy, József. A királyságtól a kommunizmusig. Budapest: Kultura, 1920. 146 p.

Kun, Béla, ed. Komintern v revoliutsiiakh. Moscow: Izd. Komintern, 1926. 242 p.

Lányi, Ernöné, ed. Hősi harcok emlékei. Budapest: Szikra, 1955. 214 p.

Lebrun, Armand. Los estragos des communisma en Hungria. Barcelona: Editorial Vilamala, 1933. 168 p.

Lukachich, Géza. Magyarország megcsonkitásának okai. Budapest: 1920.

Lukács, János. Magyar-orosz kapcsolatok 1914 óta. Budapest: Officina, 1945. 28 p.

Luzsenszky, Alfonz. A zsidó nép bűnei. Budapest: A. Luzsenszky, 1941. 94 p.

Macartney, Carlile Aylmer. Hungary. London: Benn, 1934. 504 p.

_____. Hungary and Her Successors: The Treaty of Trianon and Its Consequences, 1919-1937. London and New York: Oxford University Press, 1937. 504 p.

_____. October Fifteenth: A History of Modern Hungary, 1929-1945. Edinburgh: Edinburgh University Press, 1956-57. 2 v.
1st American ed.: A History of Hungary, 1929-1945. New York: Praeger, 1956-57. 2 v.
2d American ed.: October Fifteenth: A History of Modern Hungary, 1929-1945. Chicago: Aldine Publishing Co., 1962. 2 v.

_____, and A. W. Palmer. Independent Eastern Europe: A History. New York: St. Martin's, 1962. 499 p.

Macartney, Maxwell H. H. Five Years of European Chaos. London: Chapman and Hall, 1923. 242 p.

A magyar haladó ifjusági mozgalom hősi harcaiból. Budapest: 1955. 48 p.

A magyar nép története. Rövid áttekintés. Budapest: Művelt Nép, 1953. 738 p.

A magyarországi munkásmozgalom 1917-1919-ben. Budapest: MSZMP, 1957-58. 271 p.

A magyarországi munkásmozgalom 1919-1922-ben. Budapest: Kossuth, 1958. 261 p.

Magyarország története. Budapest: Gondolat, 1964. 2 v.

A magyar történelem képekben. Budapest: Hazafias Népfront, 1957. 64 p.

Mamatey, Victor S. The United States and East Central Europe. Princeton: Princeton University Press, 1957. 431 p.

Matveev, I. U istokov vechnoi druzhby. Novosibirsk: 1959. In Hungarian: Az örök barátság forrásánál. Budapest: Kossuth, 1961. 175 p.

Mende, Tibor. Hungary. London: Macdonald, 1944. 175 p.

Millikan, Gordon W. The Question of Interdependence Between the Russian Revolution and Revolution Abroad: Discussion in the Comintern First and Fifth Congresses. Certificate Essay. New York: Columbia University, Russian Institute, 1953.

Milotay, István. Tiz esztendö. Budapest: Pallas, 1924. 368 p.

Mit gyülöljünk? Mit szeressünk? Budapest: Athenaeum, 1919. 8 p.

Mód, Aladár. Négyszáz év küzdelem az önálló Magyarországért. Budapest: Szikra, 1954. 743 p.

_____, ed. A tudományos szocializmus és a munkásmozgalom története. Budapest: Kossuth, 1964.

Molnár, Erik, ed. Magyarország története. Budapest: Gondolat, 1964. 2 v. 619 p.

Mónus, Illés. Október, szocializmus. Budapest (?): 1936.

Mosca, Rodolfo. L'Ungheria moderna. Rome: Edizioni Roma, 1939. 163 p.

A Nagy Októberi Szocialista Forradalom és a Magyar Tanácsköztársaság tanitása. Budapest: Szikra 1951. 41 p.

Nánássy, György. Károlyi Mihály bünei. Bratislava, 1919.

Nemes, Dezsö. Velikaia Oktiabr'skaia Sotsialisticheskaia Revoliutsiia i razvitie revoliutsionnykh sil v Vengrii v 1917-1918 godakh. Moscow: Gosizdat, 1957. 70 p.

_____. Piatidesiatiletie Sovetskogo Gosudarstva i Vengriia. Moscow: Izd.-vo Pol. Lit.-ry, 1967. 162 p.

Nezhinskii, Leonid Nikolaevich. Vengerskaia Sovetskaia Respublika 1919 goda. Moscow: Znanie, 1959. 31 p.

Nicolson, Sir Harold. Peacemaking 1919. New York: Grosset and Dunlap, 1965. 371 p.

Nollau, Günther. International Communism and World Revolution: History and Methods. New York: Praeger, 1961. 357 p.

Notovich, F. I. Ot pervoi do vtoroi mirovoi voiny: kratkii ocherk mezhdunarodnykh otnoshenii v 1919-1942 gg. Tashkent: Gosizdat UzSSR, 1943. 211 p.

Pálóczy-Horváth, György. In Darkest Hungary. London: Gollancz, 1944. 158 p.

Pamlényi, Ervin. A magyar nép története. Budapest: Művelt Nép, 1957. 2 v.

Priest, Lyman W. "The Cordon Sanitaire, 1918-1922." Ph.D. dissertation. Stanford, Calif.: Stanford University, 1954.

Radisics, Elemér. Reflexiók az októberi forradalomhoz. Budapest: Pfeifer, 1919. 16 p.

Rákosi, Mátyás. "A magyar munkásmozgalom és a Kommunista Párt története." Unpublished monograph. Budapest: MSZMP Párttörténeti Intézete.

A Rákosi-per. 4th ed. Budapest: Szikra, 1950. 593 p.

Részlet az Általános Fogyasztási Szövetkezet történetéböl, 1904-1919. Budapest: Tempó, 1959. 53 p.

Réti, László. Lenin és a magyar munkásmozgalom. Budapest: Szikra, 1954. 87 p. In Russian: Lenin i vengerskoe rabochee dvizhenie. Moscow: Izd. Istoricheskoi Literatury, 1957. 70 p.

Rothenstein, Mór. A szakszervezeti mozgalom Magyarországon. Budapest: 1923.

Rudas, László. Abenteurer und Liquidatorentum; die Politik Béla Kuns und die Krise der Kommunistischen Partei Ungarns. Vienna: Verlag Vörös Ujság, 1922. 279 p.

Rudnyánszky, Endre. A mi pártunk. Moscow: Izd. Ts.B. Vengerskikh Sektsii RK(b)P, 1920.

Sangiorgi, Giorgio Maria. L'Ungheria della Repubblica di Károlyi alla Reggenza di Horthy. Bologna: N. Zanichelli, 1927. 227 p.

Seton-Watson, Hugh. Eastern Europe Between the Wars, 1918-1941. New York: Cambridge University Press, 1945. 445 p.

Seton-Watson, R. W. A History of the Roumanians. Cambridge: The University Press, 1934, 596 p. New York: Ardion Press, 1963. 664 p.

Shumenko, G. B., ed. Boevoe sodruzhestvo trudiashchikhsia zarubezhnykh stran s narodami Sovetskoi Rossii, 1917-1922. Moscow: Sovetskaia Rossiia, 1957.

Sinor, Denis. History of Hungary. London: Allen and Unwin, 1959. 310 p.

Street, Cecil John Charles. Hungary and Democracy. London: T. F. Unwin, 1923. 207 p.

Sulyok, Dezső. A magyar tragédia. New York: Sulyok, 1954. 2 v. (I - 214 p.)

Svéd, László, ed. Elöre harcos ifjumunkás. 1919-1945. Budapest: Ifjusági Kiadó, 1954. 813 p.

_____, comp. "Mi már nem leszünk kizsákmányolt proletárok." Budapest: Ifjusági Kiadó, 1951.

_____. Utat tör az ifju sereg. Budapest: Kossuth, 1962. 342 p.

_____, comp. A vörös lobogó alatt. Budapest: Ifjusági Kiadó, 1955. 495 p.

Szamuely, Tibor. Riadó. Moscow and Leningrad: 1933. Budapest: Kossuth, 1957. 210 p. In German: Alarm. Ausgewählte Reden und Aufsätze. Berlin and Budapest: Dietz and Corvina, 1959. 244 p.

Szekfü, Gyula. Három nemzedék és ami utána következik. Budapest: Királyi Magyar Egyetemi Nyomda, 1938. 514 p.

_____ (Julius). Der Staat Ungarn. Stuttgart: Deutsche Verlags-Anstalt, 1938. 224 p.

A szocialista tanitómozgalom Magyarországon, 1900-1920. Budapest: Kossuth, 1958. 231 p.

Tanin, Mikhail Aleksandrovich. Desiat' let vneshnei politiki SSSR, 1917-1927. Moscow: Gosizdat, 1927. 259 p.

_____. Mezhdunarodnaia politika SSSR, 1917-1924. Moscow: Izd. "Rabotnik prosveshchenia," 1925. 107 p.

Teleki, Count Paul. The Evolution of Hungary. New York: Macmillan, 1923. 312 p.

Thompson, John M. Russia, Bolshevism, and the Versailles Peace. Princeton: Princeton University Press, 1966. 407 p.

Török, Pál. Magyarország története. Budapest: Franklin, 1942.

Trask, David F. General Tasker Howard Bliss and the "Sessions of World." Philadelphia: The American Philosophical Society, 1966. 76 p.

Tuck, Robert L. "The Relationship Between the USSR and Revolution Abroad as Treated by Two Popular Soviet Encyclopedias." M.A. thesis. New York: Columbia University, n.d.

A turáni átok és a jerikói trombita. Budapest: 1919. 50 p.

Ungar, Henrik (Guttman, Henrik). Die ungarische Pest in Moskau. Leipzig, Zurich, and Vienna: Veritas Verlag, 1921. 47 p. See also under Articles.

Urbanus. A bünos Budapesttöl a boldog Budapestig. Budapest: Kultura, 1919. 16 p.

Vámbéry, Ármin. The Story of Hungary. London: Putnam, 1886. 453 p.

Vámbéry, Rusztem. Hungary—To Be or Not To Be. New York: Ungar, 1946. 208 p.

Varjassy, Lajos. Révolution, bolchevisme, réaction. Paris: Jouve et Cie., 1934. 154 p.

Yolland, Arthur Battishill. Hungary. London: T. C. and E. C. Jack; New York: Stokes, 1917. 336 p.

Ypsilon (Johann Rindl and Julian Gumperz). Pattern for World Revolution. Chicago and New York: Ziff-Davis, 1947. 479 p.

Zoiagin, I. P. Ot tsarskogo soldata do soldata revoliutsii. 1957.

B. Articles

"Armistice Broken," Nation, CVIII, No. 2810 (May 10, 1919), p. 722.

Biro, Karl. "Ein ungeheures Verbrechen wird vorbereitet," Internationale Presse-Korrespondenz, No. 61 (July 26, 1932), p. 1961.

Bolgár, Elek. "Revoliutsiia Karol'i," Bol'shaia Sovetskaia Entsiklopediia. Moscow: Sovetskaia Entsiklopediia, 1928. X, pp. 70-72.

Buchinger, Manó. "Garbai idézetei," Jövő, August 11, 1922.

_____. "A kommunista összeesküvés," Népszava, October 17, 1919.

_____. "Magyarország intő példája," Szociáldemokrata Röpiratok, No. 1.

Csécsy, Imre. "Az októberi forradalom és a népköztársaság," Századok és Tanulságok, No. 21 (1946), pp. 321-36.

"Egyetemeink és főiskoláink megemlékezései a Tanácsköztársaság 40. évfordulója tiszteletére," Felsőoktatási Szemle, VIII, No. 5 (1959), pp. 313-26.

"Évforduló," Proletár, December 30, 1920, pp. 1-2.

"Évforduló" Vörös Ujság, February 21, 1920, p. 6.

"1917 november 7. és a magyarországi munkásság," Uj Március, November 1925, pp. 241-43.

Fehér, András. "A magyarországi munkásság 1918 juniusi sztrájkharcáról," Párttörténeti Közlemények, IV, No. 1 (1958), p. 31.

Fényes, László. "Őszirózsa - piros szegfü," Világosság, October 1931, pp. 7-8.

Gábor, Sándorné. "A KMP az 1919-es proletárforradalom vezetője," Pártélet, IX, No. 3 (1964), pp. 8-13.

_____. "Az oroszországi forradalmi mozgalmak visszhangja a magyar dolgozók hadifoglyokhoz irt leveleiben," Párttörténeti Közlemények, IV, No. 2 (1958), pp. 136-46.

Gadanecz, Béla. "Irjunk valóban a tényeknek megfelelően," Párttörténeti Közlemények, X, No. 1 (1964), pp. 219-23.

Hajdu, Pál. "Tiz éves a Kommunisták Magyarországi Pártja," Munkás, December 18, 1928.

Halász, Miklós. "1848 március 15—1919 március 21," Sarló és Kalapács, April 1, 1936.

"A harmincéves Kommunista Párt," Szabad Nép, VI, No. 268 (November 20, 1948), p. 1.

Hevesi, Julius. "Economic Revolution in Hungary," The Communist International I, No. 3 (July 1, 1919), pp. 315-19.

"Jászai Samu könyve," Uj Március, No. 6 (December 1925), pp. 305-10.

Kálmán, Péter. "A Károlyi forradalom huszadik évfordulóján," Uj Hang, October 1938, pp. 5-9.

Kassai, Géza. "A nagy vihar hullámverése," Kortárs, III, No. 12 (1959), pp. 923-42.

Kató, István. "Az 1918-as novemberi parasztmozgalmak," Századok, XC, No. 3 (1956), pp. 394-416.

_____. "Az 1918. évi magyar demokratikus forradalom előzményeinek és győzelmének néhány kérdése,'' Párttörténeti Közlemények, II, No. 1 (1956), pp. 1-26.

Kenéz, Péter. "The Founding and the First Four Months of the Hungarian Communist Party." Unpublished Master's thesis, Princeton University, 1962. 48 p.

Kirschner, Béla. "Tudományos ülésszak a Tanácsköztársaságról," Valóság, No. 3 (1959), pp. 70-74.

"A kommunista sajtó harminc éve," Szabad Nép, VI, No. 269 (November 21, 1948), p. 8.

Komor, Imre. "A magyar sajtó napjára," Magyar Nemzet, XVIII, No. 286 (1962), p. 3.

Kovács, János. "Egy palóc falu az első világháboru és az azt követő forradalmak idején," Palócföld (1964), pp. 122-25.

Kun, Béla. "Két március között," Munkás, March, 1928.

_____. "A magyarországi proletárdiktatura emlékünnepe Moszkvában," Proletár, June 30, 1920, p. 4.

_____. "Még egyszer nem adják ingyen," Proletár, June 30, 1920, pp. 1-2.

_____. "Tanulni a paraszttól," Uj Március, September 1925. Uj Előre Kalendár, 1927, pp. 11-16.

Kunfi, Zsigmond. "Három kommün," Világosság, March 23, 1921, pp. 171-72; March 30, 1921, pp. 188-89.

_____. "Rumanian Rule in Hungary," Nation, CVIII, No. 2813 (May 31, 1919).

Landler, Jenö. "Évfordulón," Proletár, July 29, 1920, pp. 1-2.

_____. "Forradalmi volt-e a magyar munkásság?" Proletár, June 30, 1920, pp. 7-9.

_____. "Hazudtak-e a kommunisták?" Proletár, June 30, 1920, p. 12.

_____. "Az orosz forradalom és a magyar munkásosztály," Párttörténti Közlemények, IV, No. 1 (1958).

Lebov, Martin Farkashevich. "Obrazovanie Kommunisticheskoi Partii Vengrii i eë borba za sotsialisticheskuiu revoliutsiiu," Lvov University, Naukovi zapiski, XLIII (1957) 1 ff.

_____. "Rol' kommunisticheskoi presi v borot'bi za stanovleniia radianskoi vladi v Ugorshchini (1918-1919 gg.)," Lvov University, Naukovi zapiski, XLVII (1958), 1 ff.

_____. "Sotsialisticheskaia revoliutsiia v Vengrii v 1919 g. i provozglashenie Sovetskoi respubliki," Uchenie zapiski Lvovskogo universiteta, XXXVI, Seriia istoricheskaia, No. 6 (1955), pp. 116-43.

Lékai, János. "A diadalmas október," Proletár, November 3, 1921, p. 6.

Lukács, György. " Februártól márciusig," Párisi Munkás, March 10, 1927, p. 3.

"A magyarországi munkásmozgalom, 1917-1919," Párttörténti Közlemények, IV, No. 8 (1958).

Márkus, László. "A leninizmus hatása a szociáldemokrácia történetfelfogására a Tanácsköztársaság idején," Századok, XCIV, No. 4 (1960), pp. 226-45.

"Melyik a jó fiu?" Vörös Ujság, August 13, 1922.

Milei, György. "A Kommunisták Magyarországi Pártja megalakulásának történetéhez," Párttörténeti Közlemények, IV, No. 4 (1958).

_____. "Mikor alakult meg a KMP?" Párttörténeti Közlemények, XI, No. 3 (1965), pp. 124-41.

_____. "Az OK(b)P magyar csoportja a KMP megalakulásáért, 1918 október-november," Párttörténeti Közlemények, X, No. 2 (1964), pp. 160-71.

M.S. "Árulók," Párisi Munkás, March 12, 1927, p. 4.

Mucsi, Ferenc. "A Szociáldemokrata Párt vezetőinek paktuma a Fejérváry kormánynyal és a választójogi tömegmozgalom kibontakozása, 1905 julius-október," Századok, IC, Nos. 1-2 (1965).

Müller, Hans. "Beszélgetés Kun Bélával," Vörös Ujság, May 2, 1920.

Münnich, Ferenc. "Barátságunk forrásai," Magyarország, No. 3 (1957), p. 3.

"A Nagy Októberi Szocialista Forradalom hatása Magyarországon," Társadalmi Szemle, VII, No. 11 (1952), pp. 1155-67.

Nagy, Zsuzsa. "Tudományos ülésszak a Magyar Tanácsköztársaság negyvenedik évfordulója alkalmából," Történelmi Szemle, II, Nos. 1-2 (1959), pp. 162-77.

Nemes, Dezső. "A Nagy Októberi Szocialista Forradalom és a magyar forradalmi erők fejlődése 1917-1919-ben," Századok, XCI, No. 1-4 (1957), pp. 8-45.

Nemirov. "Vengerskoe predatel'stvo," Izvestiia, August 6, 1919, p. 1.

"New War Against Hungary," New Republic, XIX, No. 246 (July 23, 1919), p. 369.

Nezhinskii, L. N. "Iubileinaia nauchnaia sessiia v Budapeshte," Voprosy Istorii, No. 7 (1959), pp. 217-20.

_____. "Otkliki v sovetskoi Rossii na proletarskuiu revoliutsiiu 1919 goda v Vengrii," Voprosy Istorii, No. 2 (1959), pp. 102-12.

"Október csődje," Proletár, January 12, 1922, p. 3.

"Október 31," Párisi Munkás, October 30, 1926, p. 1.

"Az októberi forradalom tizedik évfordulóján," Uj Március, October 1928, pp. 505-10.

Peidl, Gyula. "A bolsevizmus ellen," Népszava, October 1, 1919.

Popov, N. A. "Revoliutsionnye vystuplenii voennoplennykh v Rossii v godakh Pervoi Mirovoi Voiny," Voprosy Istorii, No. 2 (1963), pp. 76-87.

"Rákosi Mátyás védőbeszédéből," Népszava, LXXVII, No. 66 (March 20, 1949), p. 14.

Réti, László. "Lenin és Sztálin a Magyar Tanácsköztársaságról," Társadalmi Szemle, IV, No. 3 (1949), pp. 182-93.

Rónai, Zoltán, "A bukott októberi forradalom," Világosság, November 10, 1920, p. 381.

_____. "A két magyar forradalom," Világosság, December 22, 1920, pp. 478-79.

_____. "Romania's Invasion of Hungary," Literary Digest, LXII, No. 8 (August 23, 1919), pp. 16-17.

Rudas, László. "1919 jelentősége," Társadalmi Szemle, IV, No. 3 (1949), pp. 168-81.

_____. "Forradalmi volt-e a magyar munkásság?" Proletár, July 15, 1920, pp. 7-8.

_____. "Fragen der kommunistischen Taktik," Kommunismus, February 22, 1921, pp. 130-35.

Rudnianski, A. "The Slovak Soviet Republik," The Communist International I, No. 3 (July 1, 1919), pp. 415-16.

Rudnyánszky, Endre. "Évfordulón," Vörös Ujság, March 19, 1921.

Samueli, T. G. (Szamuely, Tibor). "Revoliutsionnye boi vengerskogo rabochego klassa v 1917-1918 godakh," Novaia i Noveishaia Istoriia, No. 4 (1957), pp. 175-95.

"Sobytiia v Vengrii," Izvestiia, August 5, 1919, p. 1.

Solts, A. "Neslykhannoe predatel'stvo," Izvestiia, August 3, 1919, p. 1.

Sternberg, Ia. I. "Deial'nost' ugorskikh kommunistiv u Kieve v 1919 r. ta ikh gazeta 'Vörös Ujság', " Ukrainskii Istoricheskii Zhurnal, No. 1 (1957), pp. 88-93.

Szamuely, Gy. "A Kommunisták Magyarországi Pártjának előkészitése, " Sarló és Kalapács, No. 4 (1932).

Szántó, Béla. "Forrongó Magyarország, " Uj Előre, September 26, October 1, 2, 1922.

_____. "Hogyan alakult meg a KMP?" Uj Március, March 1928, pp. 159-61.

_____. "Pártegyesülések Magyarországon és Németországban, " Proletár, December 23, 1920, pp. 3-4.

_____. "Urok Vengerskoi Kommunisticheskoi Partii, " Kommunisticheskii Internatsional, II, No. 16 (1921), pp. 3527-33.

Szegedi, László. "Öszi emlékezés, " Északmagyarország, November 7, 1961, p. 7.

Szemere, Vera. "A munkás-paraszt szövetség egyes kérdései 1919-ben, " Párttörténeti Közlemények, V, No. 1 (1959).

_____. "A munkás-paraszt szövetség néhány kérdése 1919-ben, " Épitőipari és Közlekedési Műszaki Egyetem Tudományos Közleményei, V, Nos. 2-5, (1959), pp. 24-45.

Szende, Pál. "Néhány észrevétel Garami Ernő emlékirataira, " Bécsi Magyar Ujság, August 1, 1922.

Szentesi, Károly. "A magyar népforradalom évfordulójára, " Uj Hang, February 1938, pp. 81-85.

Szücs, László. "A Galilei kör kulturpolitikai reformjavaslatai a közoktatási miniszterhez, 1918 november 18, " Párttörténeti Közlemények, V, Nos. 3-4 (1959), pp. 257-77.

Tobler, Karl. "Das ungarische Plakat der Revolutionszeit, " Das Plakat, No. 1 (1920), pp. 17-25.

Varga, Jenő. "A magyar szociáldemokrácia történelmi felelőssége, " Uj Hang, April 1939, pp. 19-22.

"Vengriia, " Izvestiia, August 3, 1919, p. 3.

"A világháboru és a magyar proletár forradalom, " Párisi Munkás, July 30, 1927, p. 1.

"Vozzvanie vengerskikh kommunistov, " Kommunisticheskii Internatsional, I, Nos. 7-8 (November-December 1919), pp. 1105-08.

Zinovev, Grigorii. "Zwei Daten, " Die Kommunistische Internationale, I, No. 4 (August 1919), pp. 3-15.

Zsilák, András. "Az OK(b)P magyar csoportjának szerepe a Vörös Hadsereg internacionalista egységeinek szervezésében, 1918-1919, " Történelmi Szemle, IV, No. 3 (1961), pp. 347-60.

III. The Hungarian Soviet Republic

A. Books

Aczél, Imre. Vádbeszéd. Budapest: Centrum, 1919.

Akademiia Nauk SSSR. Institut istorii. Revoliutsionnoe dvizhenie i stroitel'stvo sotsializma v Vengrii. Moscow: Izd. Akademii Nauk SSSR, 1963. 276 p.

Auerbach, Bertran. La dictature du proletariat en Hongrie. Paris: Chiron, 1922.

Bizony, László. 133 Tage ungarischer Bolschewismus. Leipzig and Vienna: Waldheim-Eberle, 1920. 112 p.

Böhm, Vilmos. A Magyar Tanácsköztársaság keletkezése és összeomlása. New York: Magyar Szocialista Munkás Szövetség, 1920. 47 p. In German: Entstehung und Zusammenbruch der Ungarischer Rätediktatur. Vienna: 1919.

Bovet-Grisel, Richard. L'Opinion d'un neutre sur le Bolschewisme Magyar. Berne: L'Effileul, 1919. 31 p.

Breit, József. A magyarországi 1918/19. évi forradalmi mozgalmak és a vörös háboru története. Budapest: Hadtörténelmi Levéltár, 1925. 236 p.

Buza, Barna. Hogy veszett el Magyarország? Budapest: 1922.

_____. A kommunista összeesküvés: hogy kezdődött a zsiványdiktatura? Budapest: Róvó, 1919. 78 p.

Cent tridek tri tagoj. Historia skizo di Hungarlanda proletara revolucio. Kompilita el elektitaj artikoloj de gvidantoj kaj akvituloj de Hungaria proletara revolucio. Leipzig: 1930.

Comnen, N. P. O prima experienta comunista in Ungria. Madrid: Colección Destin, 1957. 133 p.

Dauphin-Meunier, Achille. La commune hongroise et les anarchistes. Paris: Librairie International, 1926. 87 p.

Eisele, Hans. Bilder aus dem kommunistischen Ungarn. Innsbruck: Verlagsanstalt Tyrolia, 1920. 131 p.

Erényi, Tibor. A Magyar Tanácsköztársaság kikiáltásának negyvenedik éve. Budapest: Akadémiai Kiadó, 1959.

Fehér, András. A Magyar Tanácsköztársaság. Budapest: Szikra, 1954. 39 p.

Fehéri, Armand. A vesztegető forradalom. Budapest: Kertész, 1920. 128 p.

Fehérvári, István. Mi történt Magyarországon 1918 október 31 óta? Budapest: Hunnia, 1919. 31 p.

Fel vörösök, proletárok. Budapest: 1959. 126 p.

Fényes, László. Le peuple hongrois accuse. Paris: Rieder, 1934. 91 p.

Fiala, Ferenc. Igy dolgoztak a bitangok. Budapest: Centrum, 1919. 70 p.

Fraccaroli, Arnoldo. Magyarország a bolsevizmus alatt. Budapest: Athenaeum, 1920. 142 p.

Gaydu, Pavel (Hajdu, Pál). Kak borolas' i pala sovetskaia Vengriia. Moscow and Leningrad: Ogiz, 1931.

Gedye, G. E. R. The Revolver Republic. London: Arrowsmith, 1930.

Gerelyes, Ede, Sándor Tarjányi, and Jolán Kelen. Dicső napok: 1919. Budapest: Kossuth, 1960. 226 p.

Geyger, B., ed. 1919 god v Vengrii. Moscow: 1959. 271 p.

Gratz, Gusztáv, ed. A bolsevizmus Magyarországon. Budapest: Franklin, 1921. 861 p.

Gyárfás, Imre, ed. 1919. Miskolc, 1959. 131 p.

Györi, Imre, and Kázmér Kázméri, eds. Kun Béláék 131 napos rémuralma. Budapest: Csorba Béla, 1920. 64 p.

Hajdú, Pál. Első Tanács-Magyarország. Moscow (?): 1934.

Hajdú, Tibor. Március huszonegyedike. Budapest: Akadémiai Kiadó, 1959. 89 p.

Az őszirózsás forradalom. Budapest: Párttörténeti Intézet and Kossuth, 1963. 217 p., 12 tables.

Hefty, Richard. Adatok az ellenforradalom történetéhez. Budapest: Bagó Márton és Fia, 1920. 110 p.

Horváth, József, et al., eds. 133 nap. Budapest: Táncsics, 1959. 219 p.

Horváth, Róbert. A Magyar Tanácsköztársaság statisztikai koncepcióiról. Szeged: Acta Universitatis Szegediensis, 1960. 16 p.

Huszár, Károly, ed. A proletárdiktatura Magyarországon. Budapest: 1920. In German: Die Proletarier-Diktatur in Ungarn. Regensburg: Kösel and Pustet, 1920. 212 p.

_____. A vörös rémuralom Magyarországon. New York: G. D. Berko, 1920. 208 p.

Institut für Marxismus-Leninismus beim ZK der SED. Die Ungarische Räterepublik im Jahre 1919 und ihr Widerhall in Deutschland: eine Sammlung von Aufsätzen und Dokumenten. Berlin: Dietz, 1959. 152 p.

Israelian, V. L. 133 geroicheskikh dnia. Moscow: Gospolitizdat, 1959. 39 p.

Kaas, Albert, and Fedor de Lazarovics. Der Bolschewismus in Ungarn. Munich: A. Dresler, 1930. 318 p. In English: Bolshevism in Hungary. London: G. Richards, 1931. 318 p.

Kelen, Jolán. Dicső napok. Budapest: Kossuth, 1960. 228 p.

_____. Negyven éve történt. Budapest: KISZ, 1958. 29 p.: 2nd ed. 1959. 31 p.

Kertész, István. Tanácsköztársaság. Sopron: Soproni Tanács, 1919.

Ki árulta el a hazát? Budapest: 1919.

Kiss, Ferenc. Ecce homo. Budapest: 1920.

Kóbor, Tamás. A bolsevizmusról a bolsevizmus alatt. Budapest: Franklin, 1919. 175 p.

Kreybig, Karl. Die Enstehung der Räterepublik Ungarn. Berlin: "Der Arbeiter-Rat," 1919. 40 p.

Kun, Béla. A Magyar Tanácsköztársaságról. Budapest: Kossuth, 1958. 643 p. In French: La République Hongroise des Conseils. Budapest: Corvina, 1962. 463 p.

_____. Uroki proletarskoi revoliutsii v Vengrii. Moscow: Gospolitizdat, 1960. 70 p.

_____. Vengerskaia Sovetskaia Respublika, 1919 goda. Moscow: Gospolitizdat, 1959. 60.

_____. Węgierska Republika Rad. Warszawa: Książka i Wiedza, 1965. 637 p.

Lábay, Gyula, ed. Az ellenforradalom története. Budapest: "Élet," 1922. 199 p.

Laporte, Maurice. Lo que cuestan 133 dias de Communismo. Madrid: Grafica Universal, 1934. 319 p.

Lebov, Martin Farkashevich. Vengerskaia Sovetskaia Respublika, 1919 goda. Moscow: Izd. Sots. Ek. Lit-ry, 1959. 273 p.

Lebrun, Armand. La dictature du proletariat. Paris: F. Alcan, 1921. 95 p.

Légrády, Imre. A Kommün fogságában. Budapest: 1919.

Lindner, Heinz. Revolution und Konterrevolution in den Jahren 1918/1919. Die ungarische Räterepublik im Jahre 1919 und ihr Widerhall in Deutschland. Berlin: Dietz, 1958. 103 p.

Lórántzy, Károly. Gyenge szovjet. Budapest: Bristol, 1920.

Magyar, Lajos. A magyar forradalom. Budapest: Athenaeum, 1919.

A Magyar Tanácsköztársaság. A Kommunisták Magyarországi Pártjának harca a Horthy-fasizmus ellen. Budapest: Szikra, 1953. 142 p.

A Magyar Tanácsköztársaság történelmi jelentősége és nemzetközi hatása. Budapest: Kossuth, 1960. 387 p.

Mayer, Géza. Vörös dúlás nálunk. Sopron: 1919.

Molnár, Jenő. A 133 napos rémuralom. Budapest: Kultura, 1919. 208 p.

Mórawski, Karol. Rewolucja Węgierska 1919 Roku. Warszawa: Państwowe Zakłady Wydawnictwo Szkołnych, 1965. 85 p.

Morin (pseud.). A tisztelt szovjet. Budapest: Légrády, 1919. 6 brochures: 62, 63, 63, 63, 63, 88 p.

Nemény, Wilhelm. 133 Tage Bolschewistenherrschaft. Berlin: Kulturliga, 1920. 27 p.

Nemes, Dezső. A Magyar Tanácsköztársaság jelentősége és történelmi hatása. Budapest: Kossuth, 1960.

_____. Istoricheskoe znachenie Vengerskoi Sovetskoi Respubliki. Budapest: Akadémiai Kiadó, 1960. 65 p.

Pásztor, Árpád. A győzelmes forradalom könyve. Budapest: Légrády, n.d.

Péter, László. Az igazság története (1918-19). Szeged: Somogyi Könyvtár, 1962. 52 p.

Pór, František Desiderius. Mad'arská Sovětska Republika 1919 a její ohlas na Slovensku. Prague: Statní nakl. politické literatury, 1959; Bratislava, 1960. 73 p.

Rákosi, Mátyás. A Magyar Tanácsköztársaság. Budapest: Szikra, 1955. 63 p.

Réti, László. Mad'arska Sovetská Republika. Prague: Rovnost, 1952. 41 p.

_____. A Magyar Tanácsköztársaság. Budapest: MDP Központi Előadó Iroda, 1950. 27 p.

_____, ed. A magyar történelem képekben, 1918-1919. Budapest: 1957. 64 p.

Rogak, Dezider. Boiovu odkaz roku 1919. Bratislava: Slovenské vydav. polit. literatury, 1960. 212 p.

Rudnyánszky, Endre. Vörös Magyarország. Berlin: 1920.

Schmitt, H. C. The Hungarian Revolution. London: 1919. 53 p.

_____. Die rote Hölle in Ungarn. Bern: Wyss, 1919. 72 p.

Spektator /Guttman (Ungar), Henrik/. Mohrenwasche oder Entstehung und Zusammenbruch der Ungarischen Rätediktatur. Vienna: Brandt and Co., 1919. 15 p.

Stander, Aloys. Sous la dictature prolétarienne. Paris: 1920. 15 p.

Szabolcs, Ottó, ed. Fiatalok a Tanácsköztársaságról. Budapest: Tankönyvkiadó, 1960. 199 p.

Szamuely, Tibor. A Kommunisták Magyarországi Pártjának megalakulása és harca a proletárdiktaturáért. Budapest: Kossuth, 1964. 366 p.

Szántó, Béla. A magyarországi proletáriátus osztályharca és diktaturája. Vienna: A Kommunisták Németausztriai Pártja, 1920. 99 p.
In German: Klassenkämpfe und Diktatur des Proletariats in Ungarn. Berlin: Schwartz and Co., 1920. 115 p. Petrograd: Verlag der Kommunistischen Internationale, 1920. 110 p.

Szatmári, Eugen. Das rote Ungarn. Leipzig: Der neue Geist, 1920. 225 p.

Szélpál, Árpád. Les 133 jours de Béla Kun. Paris: Fayard, 1959. 286 p.

A Tanácsköztársaság. Budapest: Tankönyvkiadó, 1959. 23 p.

Tarján, Vilmos. A terror. Budapest: 1920 [1919]. 62 p.

Tharaud, Jerome. When Israel Is King. New York: R. M. McBride, 1924. 248 p.
In French: Quand Israël est roi. Paris: Plon-Nourrit, 1921. 291 p.

Tőkés, Rudolf L. Béla Kun and the Hungarian Soviet Republic. New York: Praeger, 1967. 292 p.

Tormay, Cecile. Két forradalom. Budapest: Stádium, 1941. 127 p.

A tűz márciusa. Budapest: Táncsics, 1959. 163 p.

1919 god v Vengrii. Moscow: Gos. Izd.-vo Pol. Lit.-ry, 1959. 272 p.

Uj tavaszi seregszemle. Budapest: Tankönyvkiadó, 1959. 187 p.

Varga, Eugene (Varga, Jenő). La dictature du proletariat. Problèmes économiques. Paris: L'Humanité, 1922.

Vértes, György. A Magyar Tanácsköztársaság kikiáltásának 35.-ik évfordulójára. Budapest: Szabó Ervin Könyvtár, 1954.

Zinoviev, Grigorii, et al. Mit mond a III.-ik Internacionálé a magyarországi proletárforradalomról? Vienna: A Kommunisták Németausztriai Pártja, 1920. 48 p.

B. Articles

Agárdi, Ferenc. "A Tanácsköztársaság," Századok és Tanulságok, XXII, (1946).

Alpary, Julius (Alpári, Gyula). "The Course of Revolution in Hungary," The Communist International, I, No. 2 (June 1919), pp. 199-202.

B. J. "Szocdemek a diktaturában," Párisi Munkás, March 23, 1929.

Bolgár, Elek. "An der fünften Jahrewende," Arbeiterliteratur, Nos. 7-8 (1924), pp. 414-24.

_____. "A magyarországi Tanácsköztársaság és a világpolitikai helyzet," Uj Március, March 1928, pp. 149-54.

_____. "A polgári forradalomtól a diktaturáig," Uj Március, March 1929 (special issue).

Buday, Tibor. "1919 példája," Népszabadság, XXII, No. 68 (1964), p. 5.

Bujac. "Campagnes Roumaines d'avril et de juillet 1919 contre les bolcheviks hongrois," La France Militaire, July 11, September 17, 1929.

Cattell, David T. "The Hungarian Revolution of 1919 and the Reorganization of the Comintern in 1920," Journal of Central European Affairs, XI, No. 1 (January-April 1951), pp. 27-38.

"Compte rendu de la session scientifique organisée à l'occasion du 40e anniversaire de la République des Conseils," Acta Historica, VI, Nos. 3-4 (1959), pp. 431-46.

Deák, István. "Budapest and the Hungarian Revolutions of 1918-1919," The Slavonic and East European Review, XLVI, No. 106 (January 1968), pp. 129-40.

Dömötör, Gergely. "A Magyar Tanácsköztársaság hadigazdasága," Hadtörténelmi Közlemények, III, No. 1 (1956), pp. 120-49; Nos. 3-4 (1956), pp. 208-39.

Eastman, Crystal. "In Communist Hungary," The Liberator, August 1919, pp. 5-10.

Erőss, Emma. "Horthyék és az Antant összefogása a Tanácsköztársaság ellen," Élet és Tudomány, XII, No. 31 (1957), pp. 963-67.

"Évfordulón," Párttörténeti Közlemények, V, No. 1 (1959), pp. 1-13.

"Évfordulón," Vörös Ujság, March 21, 1920, p. 1.

Gabányi Janos. "L'histoire des mouvements révolutionnaires et de la guerre rouge de 1918 à 1919 en Hongrie," Kelet Népe, XVII, Nos. 5-7 (May-July 1925), pp. 5-10.

Gábor, Mózes. "Bericht über den Sturz der Rätemacht in Ungarn," Die Kommunistische Internationale, Nos. 7-8 (1919), pp. 239-48.

_____. "Doklad o padenii sovetskoi vlasti v Vengrii," Kommunisticheskii Internatsional, I, Nos. 7-8 (November-December 1919), pp. 1159-66.

_____. "A nemzetközi ezredek szervezése a Tanácsköztársaság idején," Társadalmi Szemle, XIV, No. 3 (1959), pp. 85-88.

Gábor Sándorné. "Az 1919 junius 24-i ellenforradalmi kisérlet," Párttörténeti Közlemények, VIII, No. 2 (1962), pp. 67-77.

Gemkow, Heinrich. "A Magyar Tanácsköztársaság 40. évfordulója a Német Demokratikus Köztársaságban," Párttörténeti Közlemények, V, No. 2 (1959), pp. 276-79.

"General Smuts and Béla Kun," Nation, CIX (June 14, 1919), p. 961.

Gergely, Ernő. "A Magyar Tanácsköztársaság nemzeti és nemzetközi jelentősége," Állam és Igazgatás, XIV, No. 3 (March 1964), pp. 193-204.

Gregory, Thomas T. C. "Bolsheviks and Archdukes," Sunset, XLIV (February 1920), pp. 25-28.

_____. "Overthrowing a Red Regime," World's Work, XLII (June 1921), pp. 152-64.

Hajdú, Gyula. "A Magyar Tanácsköztársaság," <u>Állam és Igazgatás</u>, IX 1959.

Hajdú, Pál. "A bukás tanulságai," <u>Munkás</u>, August 2, 1925.

Hajdú, Tibor. "Adatok a Tanácsköztársaság és Szovjet-Oroszország kapcsolatainak történetéhez," <u>Párttörténeti Közlemények,</u> VII, No. 3 (1961), pp. 86-123.

H. F. "Hogy is volt?" <u>Párisi Munkás,</u> July 31, 1926, p. 4.

Hidas, Antal. "Emlékezés a magyar proletárdiktaturára," <u>Párisi Munkás</u>, March 15, 1928.

Justus, Pál. "A magyar októberi forradalom 30.-ik évfordulójára," <u>Társadalmi Szemle</u>, III, Nos. 10-11 (1948), pp. 672-90.

_____. "Szociáldemokraták az 1919-es proletárdiktaturában," <u>Társadalmi Szemle</u>, IV, Nos. 3-4 (1949), pp. 194-209.

"Ki buktatta meg a magyarországi tanácshatalmat?" <u>Vörös Ujság</u>, August 1, 1921.

Király, Albert. "Junius 24," <u>Proletár</u>, June 30, 1921, p. 14.

Kirschner, Béla. "A Tanácsköztársaság jobboldali vezetöinek tevékenysége a párt- és tanácskongresszuson," <u>Párttörténeti Közlemények,</u> XI, No. 2 (1965), pp. 91-115.

Kis, Aladár. "Gramsci két cikke a Magyar Tanácsköztársaságról," <u>Párttörténeti Közlemények</u>, VIII, No. 3 (1962), pp. 124-32.

Kol'be, Gans, and I. Isel't. "Nemetskie kommunisty i Vengerskaia Sovetskaia Respublika," <u>Voprosy Istorii,</u> No. 3 (1959), pp. 151-65.

Kolozsváry, Balázs (Kun, Béla). "Pártok szerepe a diktatura keletkezésében," <u>Internacionále</u>, Nos. 1-2 (February 1920), pp. 15-21.

_____. "Vántus és Haubrich," <u>Proletár</u>, July 15, 1920, pp. 11-12.

Komor, Imre. "Dicsöséges elsö fejezet," <u>Magyar Nemzet</u>, XX, No. 68 (1964), p. 9.

Kun, Béla. "The Anniversary of the Proletarian Revolution in Hungary," <u>The Communist International</u>, Nos. 11-12 (1929), pp. 470-77.

_____. "Foreword," in <u>Kak borolas' i pala sovetskaia Vengriia</u>, by Pavel Gaydu (Pál Hajdu). Moscow and Leningrad: Ogiz., 1931.

_____. "Kilenc év távlatából," <u>Uj Március</u>, No. 3 (March 1928), pp. 145-49.

_____. "Sovetskaia Vengriia," in <u>Bolshaia Sovetskaia Entsiklopediia</u>, Moscow: "Sovetskaia Entsiklopediia," 1928. X, pp. 72-81.

_____. "Why We Were Victorious in Hungary and Why We Didn't Maintain Power," <u>The Communist International</u>, No. 13 (1934), pp. 426-35.

Kun, József. "A proletárszolidaritás nagyszerü példája: a Magyar Tanácsköztársaság kikiáltásának nemzetközi visszhangja," <u>Néphadsereg</u>, No. 68 (1959).

Kunfi, Zsigmond. "A bukás okai," Bécsi Magyar Ujság, February 23, 1921.

_____. "Évfordulón," Világosság, August 4, 1920, pp. 156-58.

_____. "Jegyzetek a diktatura keletkezéséről," Az Ember, November 13, 1919.

_____. "A magyar proletárdiktatura keletkezése és bukása," Szocializmus, March 1930.

Kürschner, Arthur. "Die Räterepublik in Ungarn," Der Arbeiter-Rat, I, No. 13 (1919), pp. 6-9.

Landler, Jenő. "Évfordulóra," Párisi Munkás, March 19, 1927, p. 1.

Lengyel, Gyula. "A magyar hadikommunizmus," Uj Március, March 1929 (special issue).

"Lenin a magyar proletárdiktaturáról," Uj Március, March 1927.

"Lenin a Magyar Tanácsköztársaságról," Délmagyarország, XV, No. 68 (March 21, 1959), p. 5.

Levi, Paul. "Die Lehren der ungarischer Revolution," Die Internationale, II, No. 24 (June 1920).

Liptai, Ervin. "A Magyar Tanácsköztársaság katonai stratégiájának néhány kérdése," Hadtörténelmi Közlemények, No. 1 (1959), pp. 56-72.

Lukács, György. "Adalékok a nyugati imperialista hatalmak és a magyar ellenforradalmárok együttmüködéséhez 1919-ben," Századok, LXXXIII, Nos. 1-4, pp. 250-58.

_____. "Ellenforradalmi erők a magyar proletárdiktaturában," Uj Március, March 1928, pp. 154-59.

_____. "A magyar proletárdiktatura külpolitikai helyzete," Munkás, March 1928 (special issue).

_____. "Miért nem bukott el a magyar proletárdiktatura?" Proletár, July 29, 1920, pp. 5-6.

"A magyarországi proletárforradalom," Értesitő, March 10, 1921.

"A magyar proletárdiktatura és a demokráciáért vivott harc," Sarló és Kalapács, March 15, 1937.

"A magyar proletárdiktatura fő tanulságai," Uj Március, March-April 1926, pp. 146-57.

"A magyar proletárforradalom emlékére," Párisi Munkás, July 31, 1926, p. 4.

"A Magyar Tanácsköztársaság megalakulásának 40. -ik évfordulójára rendezett tudományos ülésszakról," Párttörténeti Közlemények, V, No. 2 (1959), pp. 135-49.

"A magyar Vörös Hadsereg diadalmenete," Hadtörténelmi Közlemények, No. 1 (1959), pp. 175-98.

Marchenko, G. V., and I. M. Granchak. "Istorichne znachennia Ugorskoi radianskoi respubliki," Naukovi Zapiski, Derzhavunii Universitet, XXXVIII(1959), pp. 3-21.

"Március 21," Népszabadság, March 21, 1957, p. 1.

"Március 21," Népszava, March 21, 1920, p. 1.

"Második évforduló," Értesitő, August 4, 1921.

Meshcheriakov, V. "Krovavyi urok," Pravda, August 6, 1919, p. 1.

_____. "Popytka sverzheniia sovetskoi vlasti v Vengrii," Izvestiia, No. 170 (722) (August 3, 1919), p. 3.

Miroshevskii, V. "K kharakteristike sotsial'noi prirody Vengerskoi Sovetskoi Respubliki," Proletarskaia Revoliutsiia, No. 4 (99), (1930), pp. 62-83.

_____. "Vengerskaia Sovetskaia Respublika," Proletarskaia Revoliutsiia, No. 11 (94) (1929), pp. 65-68.

Moderwell, Hiram K. "Count Károlyi Tells Why," The Liberator, July 1919, pp. 13-16.

Moses, Julius. "Ungarn als Räterepublik," Der Arbeiter-Rat, I, No. 40 (1919), pp. 12-14; I, No. 42 (1919), pp. 9-12; II, No. 1 (1920), pp. 9-11; II, No. 2 (1920), pp. 11-14; II, No. 11 (1920), pp. 7-11; II, Nos. 12-13 (1920), pp. 10-12; II, No. 18 (1920), pp. 12-14; II, No. 26 (1920), pp. 12-14.

Mucs, Sándor. "A magyar Vörös Hadsereg diadalmenete," Hadtörténelmi Közlemények, No. 1 (1959), pp. 175-98.

Munk, Károly. "A nyugati hatalmak aknamunkája a Tanács-Magyarország ellen," Néphadsereg, No. 66 (1959).

Münnich, Ferenc. "A magyarországi proletárdiktatura hadserege," Sarló és Kalapács, March 1, 1934.

_____. "Az oroszországi tanácsköztársaság vörös hadseregének első szövetségese," Sarló és Kalapács, March-April 1931.

_____. "A Párt a magyarországi Vörös Hadseregben," Sarló és Kalapács, March-April 1933.

_____. "A Tanácsköztársaság Vörös Hadserege," Szabad Nép, VII, No. 66 (March 20, 1949), p. 4.

_____. "Történelmi évforduló," Magyar Rendőr, No. 12 (1959).

Nagy, Zsuzsa, L. "Nacionalista jelszavak az ellenforradalom szolgálatában 1919-ben," Történelmi Szemle, III, Nos. 2-3 (1960), pp. 347-50.

_____. "Smuts tábornok budapesti küldetése 1919 áprilisában," Történelmi Szemle, VI, No. 2 (1963), pp. 195-214.

Nándori, Pál. "Adalékok a Tanácsköztársaság ellen szervezkedő magyar feudális arisztokrácia árulásának kérdéséhez," Jogtudományi Közlöny, Nos. 2-3 (1959), pp. 90-95.

Orlik, I. I. "Iz istorii Vengerskoi Sovetskoi Respubliki," Doklady i soobshcheniia, VII (1955), pp. 70-75.

_____. "Vliianie Oktiabr'skoi Sotsialisticheskoi Revoliutsii na revoliutsionnyi pod'ëm v Vengrii v 1917-1919 godakh: Obzor dokumental'nykh publikatsii," Novaia i Noveishaia Istoriia, No. 2 (1957).

Pogány, József. "Mit vesztett a diktatura bukásával a magyar munkásság?" Proletár, July 8, 1920, pp. 17-19.

"A proletárdiktatura tizéves évfordulóján," Kommunista, March 1929.

Radek, Karl. "Istoriia odnoi neudavsheisia buntarskoi popytki," Kommunisticheskii Internatsional, No. 9 (1920), pp. 1257-66.

Rákosi, Mátyás. "Sozdanie kommunisticheskoi partii Vengrii. Vengerskaia Sovetskaia Respublika, 1917-1919 gg." Voprosy Istorii, No. 11 (November 1955), pp. 41-64.

Ralle, Ek. Arbori. "1919 március 21," Vörös Ujság, March 21, 1920.

Réti, László. "A Magyar Tanácsköztársaság árulói," Szabad Nép, X, No. 68 (March 21, 1952), p. 3.

_____. "A párt eszmei tisztasága és a Magyar Tanácsköztársaság," Népszabadság, II, No. 68 (March 21, 1957), p. 8.

Révai, József. "A magyar proletárdiktatura és az agrárkérdés," Munkás, March 1928 (special issue).

_____. "Negyven év távlatából," Belpolitikai Szemle, October-November 1958.

_____. "A párizsi kommün és a proletáriátus diktaturája," Proletár, March 17, 1921 (supplement), pp. 1-3.

Rónai, Zoltán. "A Magyar Tanácsköztársaság és a szociáldemokrácia árulása," Világosság, September 23, 1920, pp. 290-93.

_____. "Március 21," Az Ember, March 27, 1920, Világosság, March 23, 1921, pp. 173-74.

Rudas, László. "Böhm Vilmos árulása," Proletár, September 1, 1921, pp. 7-9.

_____. "Miért bukott meg a magyar proletárdiktatura?" Proletár, July 29, 1920, pp. 3-4.

_____. "Nacionálbolsevizmus a magyar proletárforradalomban," Proletár, March 17, 1921 (supplement), pp. 4-6.

_____. "Die Proletardiktatur in Ungarn und der Nationalbolschewismus," Kommunismus, March 24, 1921.

_____. "The Proletarian Revolution in Hungary," The Communist International, I, No. 1 (May 1, 1919), pp. 47-56.

Rudner, B. "Zur Revolution in Ungarn," Der Arbeiter-Rat, I, No. 11 (1919), pp. 11-12.

Sánta, Ilona. "Kun Béla a Magyar Tanácsköztársaságról," Társadalmi Szemle, XIII, No. 11 (1958), pp. 35-46.

Savage, C. "Adventures in Bolshevism," Atlantic Monthly, December 1919, pp. 838-45.

S. D. "Das Rote Ungarn," Der Arbeiter-Rat, II, No. 22 (1920), pp. 14-16.

Seton-Watson, R. W. "The Fall of Béla Kun," Living Age, No. 302 (September 20, 1919), pp. 705-8.

Siiartova, G. I., and D. E. Foltin. "Uchast' rosiiav ta ukraintsiv a zakhisti Radianskoi vladi v Ugorshchini u 1919 r.," Ukrainskii Istoricheskii Zhurnal, No. 2 (1959), pp. 115-19.

Simon, Gyula, and Ottó Szabolcs, comps. "A Magyar Tanácsköztársaság emlékére," Köznevelés, XX, No. 6 (1964), pp. 205-8.

"Smuts Mission," New Reporter, XVIII, No. 233 (April 1919), p. 361.

Szántó, Béla. "Emlékezés a Magyar Tanácsköztársaságra," Párttörténeti Közlemények, No. 1 (1959).

_____. "A Magyar Vörös Hadsereg," Uj Március, March 1929 (special issue).

_____. "Miért egyesültünk?" Uj Hang, March 1941.

_____. "Vengerskaia Krasnaia Armiia," Proletarskaia Revoliutsiia, No. 5 (May 1929), pp. 95-126.

Sz. E. "Volt-e vörösterror Magyarországon a diktatura alatt?" Párisi Munkás, July 31, 1926, p. 5.

Szedő, Antal. "Szivleljük meg a Tanácsköztársaság történetének tanulságait," Levéltári Hiradó, Nos. 1-2 (1959), pp. 3-6.

Szokolay, Katalin. "A lengyel kommunista sajtó a Magyar Tanács köztársaságról," Történelmi Szemle, II, Nos. 1-2 (1959), pp. 128-40.

Szöcs, Ferenc. "A Tanácsköztársaság bukásának okai," Magyar Rendőr, No. 31 (1959).

"A Tanácsköztársaság," Párttörténeti Közlemények, No. 4 (1965), pp. III-XLVI.

"A Tanácsköztársaság emlékére," Történelemtanitás, V, Nos. 1-2 (1960), pp. 63-64.

"Tizenkilenc év távlatából," Szabad Szó, March 26, 1938.

"True Story of the Bolshevist Regime in Budapest," Living Age, No. 304 (January 17, 1920), pp. 131-33.

Varga, Eugene (Varga, Jenő). "Communist Hungary," The Communist International, I, No. 1 (May 1919), pp. 201-3.

Varga, Jenő. "Istoricheskoe znachenie proletarskoi diktatury v Vengrii," in Bol'-shaia Sovetskaia Entsiklopediia. Moscow: "Sovetskaia Entsiklopediia" 1928, X, pp. 81-89.

Vigh, Károly. "Dicsőséges 1919," Pest megyei Hirlap, VI, No. 67 (March 1, 1962), p. 1.

"Vor einem Jahr," Die Rote Fahne, March 21, 1920, p. 1.

Winter, N. O. "In Hungary under Bolshevism," Independent, No. 99 (August 23, 1919), pp. 254-55, 266-68.

Zrinszky, László. "Uj március felé; a Tanácsköztársaság emléke hazánkban," Élet és Irodalom, III, No. 32 (1959), pp. 4-5.

Zsuppán, Ferenc Tibor. "The Early Activities of the Hungarian Communist Party, 1918-1919," The Slavonic and East European Review, XLIII, No. 101 (June 1965), pp. 314-34.

IV. Works of Special Scope

A. Books

Adatok a Tanácsköztársaság gyulai történetéhez. Gyula: Erkel Muzeum, 1959. 39 p.

Angyalföld, 1919. Budapest: Révai, 1959. 24 p.

Ardó, Mária. A Tanácsköztársaság szinházi élete a sajtó tükrében. Budapest: Szinháztudományi és Filmtudományi Intézet, 1959. 72 p.

Balogh, János. Tolna megye a Magyar Tanácsköztársaság időszakában. Szekszárd: MSzMP Tolnamegyei Bizottsága, 1964. 256 p.

Bene, János. Mi lesz a zsidókkal? Budapest: Népakarat, 1919. 10 p.

Benkő, Kálmán. Az 1919. évi junius hó 24-iki tengerészeti ellenforradalom. Budapest: Benkő, 1920. 56 p.

Bihari, Mór. Óbuda a két forradalom sodrában. Budapest: MSZMP, III. ker. VB., 1964. 67 p.

Bukucs, József, et al., eds. Emlékezz: a Tanácsköztársaság Füzesabonyban. Füzesabony: MSzMP Járási Bizottsága, 1959. 55 p.

Csaba, Imre. A Tanácsköztársaság Veszprém megyében. Veszprém: MSzMP Veszprém-megyei Bizottsága, 1959. 276 p.

Cserny, József. A nagy per. Budapest: Magyar Országos Véderő Egyesület, 1920. 90 p.

Csonka, Mária, and István Nemeskürthy. Vörös film, 1919. Két tanulmány. Budapest: Filmtudományi Intézet, 1959. 123 p.

Dauphin-Meunier, Achille. Le communisme hongrois et les anarchistes. Paris: Libraire Internationale, 1926. 87 p.

Deák, Francis. Hungary at the Paris Peace Conference. New York: Columbia University Press, 1942. 594 p.

Deme, László and József Keleti. Az ellenforradalom Vasvármegyében és Szombathelyen. Szombathely: Martineum, 1920. 208 p.

Devics, József, et al., eds. A magyar műszaki értelmiség és a Műegyetem a Tanácsköztársaság idején. Budapest: Tankönyvkiadó, 1960. 187 p.

Diákok a Magyar Tanácsköztársaságért. Budapest: 1959. 44 p.

Dósa, Rudolfné, Liptai Ervinné, and Mihály Ruff. A Magyar Tanácsköztársaság egészségügyi politikája. Budapest: Medicina, 1959. 152 p.

Dózsa Népe. Budapest: Mezőgazdasági és Erdészeti Dolgozók Szakszervezete, 1956. 20 p.

Együtt harcoltunk. Bratislava: Szlovák Politikai Kiadó, 1960. 231 p.

Eröss, Emma and Tibor Erényi. Vasas, ne hagyd magad! Budapest: Népszava, 1955. 186 p.

1919 Borsodi Emléke. Miskolc: MSzMP Borsod Megyei Bizottsága, 1959. 131 p.

1919: A Magyar Tanácsköztársaság iskolái. Budapest: Fővárosi Pedagógiai Szemináriu m, 1959. 300 p.

Az 1919-es magyar proletárforradalom hadműveletei. Budapest: Magyar Honvédelmi Sportszövetség, 1959. 18 p.

Az 1919-es magyar Vörös Hadsereg és Stromfeld Aurél. Budapest: Honvéd Kiadó, 1952. 48 p.

Farkas, Dezső. A földért folytatott harc néhány kérdése Hajdu-Biharban a két forradalom között. Debrecen: Acta Universitatis Szegediensis, 1960. pp. 93-111.

_____. A két forradalom Bihar megyei történetéhez. Budapest: Akadémiai Kiadó, 1965. 108 p.

Fényes László édobeszéde a Tisza-perben. Budapest: Lobkovitz Andor, 1922. 131 p.

Fodor, Henrik, and József Bencze. Két tanulmány Vas megye 1919-es történetéből. Szombathely: Megyei Könyvtár, 1959. 53 p.

Földes, Éva. A Tanácsköztársaság sportja. Budapest: Sport Lapkiadó, 1959. 103 p.

Földes, Péter. Felejthetetlen május. Budapest: Szépirodalmi Kiadó, 1954. 385 p.

_____. Hotel Drezda. Budapest: Móra, 1965. 400 p.

The Foreign Policy of President Károlyi and of the Hungarian Republic. Budapest: 1920.

Forradalmárok egymás közt. Budapest: Pallas, 1920. 68 p.

Füzes, Iván, et al., comps. Fogyasztási-, hitel—és egyéb szövetkezetek a Tanácsköztársaságban. Budapest: Tempó, 1959. 162 p.

Gaal, Endre. A hódmezővásárhelyi munkásmozgalom története, 1917-1919. Szeged: Hazafias Népfront Városi Bizottága, 1961. 61 p.

_____. Szegedi adalékok a klerikális reakció népellenes harcához. Szeged: Szegedi Nyomda, 1956. 39 p.

_____. A szegedi munkásság forradalmi harcai 1918-19-ben. Szeged: Hazafias Népfront Városi Bizottsága, 1959. 55 p.

_____. A szegedi munkásság harca a Tanácsköztársaságért. Budapest: Szikra, 1956. 231 p.

Gábor, Sándorné. A két munkáspárt egyesülése 1919-ben. Budapest: Kossuth, 1961. 39 p.

Gárdonyi, Géza, Ifj., and R. Kiss. Harcos ünnepek. Győr: Wilhelm Pieck Vagon- és Gépgyár, 1957. 31 p.

Gerelyes, Ede. Lenin üzent. Budapest: Legujabbkori Történeti Múzeum, 1961. 45 p.

Greskó, Ibolya, and Gyula Rajmon. Forradalmi tavasz Rákosmentén, 1919. Budapest: Nyomdaipari Vállalat, 1959. 23 p.

Gulya, Károly. Az erdélyi nemzetiségi kérdés megoldására irányuló törekvések 1918/1919-ben. Szeged: 1961. 20 p.

Gulyás, Sándor. A Tanácsköztársaság napjai Békés községben. Békés: MSZMP Községi VB, 1959. 89 p.

Gutheil, Jenő. A kommunisták uralma Veszprémben. Veszprém: 1920.

Győri, Gy., and L. Szabó. A budapesti MÁVAG története. Budapest: Népszava, 1959.

Hajdú, Tibor. Március huszonegyedike. Budapest: Akadémiai Kiadó, 1959. 89 p.

_____. Tanácsok Magyarországon 1918-1919-ben. Budapest: Kossuth, 1958. 275 p.

Halász, Pál, ed. Tanulmányok a Magyar Tanácsköztársaság államáról és jogáról. Budapest: Közgazdasági és Jogi Kiadó, 1955. 167 p.

Hetés, Tibor, ed. A Magyar Vörös Hadsereg, 1919. Budapest: Kossuth, 1959. 530 p.

_____. Munkásezredek, előre! Budapest: Táncsics, 1960. 144 p.

_____. A 80. Nemzetközi Dandár. Budapest: Zrinyi, 1963.

Heves megye a Tanácsköztársaság idején. Eger: Hevesmegyei Nyomda, 1959. 175 p.

Hevesi, Gyula. Szociális termelés: a Magyar Tanácsköztársaság iparpolitikája. Budapest: Közgazdasági és Jogi Kiadó, 1959. 230 p.

Horváth, Ferenc. A munkástanácsok szervezete és működése Vas megyében 1918. november 10 - 1919. augusztus 5. Szombathely: Vas Megye Tanácsa VB., 1959. 50 p.

Hunya, Sándor, ed. Adatok a Tanácsköztársaság gyulai történetéhez. Gyula: Erkel Ferenc Gimnázium, 1959.

Józsa, Gyula. "Ungarn und die ungarischer Bolschewiken auf dem Weg zur Räterepublik im Spiegel der Pravda und der Sowjetischen Historiographie." Doctoral dissertation, University of Innsbruck, 1952. 232 p.

Juhász, Viktor. A proletárdiktatura és előzményei Székesfehérváron. Székesfehérvár: 1920.

Kallos, János. A pénz: röpirat a kommunisták gazdasági bűneiről. Budapest: Biró Miklós, 1920. 20 p.

Kálmán, László. A szegedi szinház 1918-1919-ben. Szeged: Szegedi Nyomda, 1959. 26 p.

Karikás, Frigyes. A 39-es dandár. Budapest: Magyar Helikon, 1959. 102 p.

A Károlyi-korszak előzményei és céljai. Budapest: 1923.

Kávássy, Sándor. Somogy vármegye direktóriuma 1919-ben. Szeged: Szegedi Tanárképző Iskola, 1964. pp. 189-220.

Kele, József. Vörösök Szolnokon és a Jászságban. Szolnok: Varga József, 1926. 352 p.

Kelen, Jolán. A föld mégis forog. Budapest: Móra, 1957. 42 p.

_____. Galilei-per a XX. században. Budapest: Kossuth, 1957. 205 p.

Kerecseny, János. A magyar Dreyfuss per. Budapest: 1925.

Kik tették tönkre Magyarországot? Budapest: Magyar Nemzeti Szövetség, 1919. 15 p.

Kirschner, Béla. Der Rücktritt der Räteregierung und die Bildung der Gewerkschaftsregierung und das Echo in Transdanubien. Budapest: Annales Universitatis Scientiarum Budapestiensis, 1964. pp. 147-77.

Kiss, Dezső, and Lajos Németh. A Magyar Tanácsköztársaság képzőművészeti élete. Budapest: Müvészettörténeti Dokumentációs Központ, 1960. 218 p.

Kodytková, Anna. 1919 - vzpominky na Mad'arskou a Slovenskou Sovetskou Republiku. Prague: Mladá Fronta, 1956. 132 p.

Kőhalmi, Béla. A Magyar Tanácsköztársaság könyvtárügye; forrásgyüjtemény. Budapest: Széchenyi Könyvtár, 1959. 211 p.

Koncsek, László. A renngassei összeesküvés. Budapest: Kossuth, 1959. 207 p.

Kornis, Pál. A Magyar Tanácsköztársaság Vörös Hadseregének harcai. Budapest: 1954. 88 p.

Kós, Lajos. A Tanácsköztársaság képzőművészeti kulturája. Budapest: Népművelési Intézet, 1959. 22 p.

Kovács, Sándor. A Vörös Őrség. Budapest: BM Politikai Nevelő Osztály, 1957. 111 p.

Kővágó, László. A magyarországi délszlávok 1917-1919-ben. Budapest: Akadémiai Kiadó, 1964. 269 p.

Kral, Václav. A csehszlovák burzsoázia intervenciós háboruja a Magyar Tanácsköztársaság ellen 1919-ben. Bratislava: 1956. In Czech: Intervenční válka československé burzasie proti Mad'arské Sovetské Republice v roce 1919. Prague: Nakl. Československé Akademie Věd., 1954. 289 p.

Kratochvil, Károly. A Székely Hadosztály 1918-19-es bolsevistaellenes és ellenforradalmi harcai a székely dicsőségért, Erdélyért, Magyarország testi épségéért és Európáért. Budapest: Székely Hadosztály Egyesület, 1941. 131 p.

László, Jenő. A forradalom története Hódmezővásárhelyen. Hódmezővásárhely: Haladás, 1924. 62 p.

Liptai, Ervin, ed. A Magyar Vörös Hadsereg, 1919. Budapest: Kossuth, 1959. 530 p.

_____. A Magyar Vörös Hadsereg harcai, 1919. Budapest: Zrinyi, 1960. 589 p.

Low, Alfred D. The Soviet Hungarian Republic and the Paris Peace Conference. Philadelphia: American Philosophical Society, 1963. 91 p.

Máday, Pál. Szarvas község a Tanácsköztársaság idején. Szarvas: Községi, Tanács VB, 1960. 67 p.

A magyar műszaki értelmiség és a Műegyetem a Tanácsköztársaság idején. Budapest: 1959.

A Magyar Tanácsköztársaság hős ifjusága. Budapest: Dolgozó Ifjuság Szövetsége, 1953. 32 p.

A Magyar Tanácsköztársaság jogalkotása. Budapest: Közgazdasági és Jogi Kiadó, 1950. 399 p.

A Magyar Tanácsköztársaság pécsi - baranyai emlékkönyve. Pécs: Városi Tanács Művelődési Osztálya, 1960. 262 p.

A Magyar Tanácsköztársaság pénzügyi rendszere. Budapest: Közgazdasági és Jogi Könyvkiadó, 1959. 289 p.

A Magyar Vörös Hadsereg harca az ország területi épségéért. Budapest: MNDSZ, n.d.

Mályusz, Elemér. The Fugitive Bolsheviks. London: G. Richards, 1931. 441 p.
　In German: Sturm auf Ungarn. Munich: A. Dresler, 1931. 295 p.

M(ályuszné), Császár, ed. A Magyar Tanácsköztársaság szinügyi iratai az Országos Levéltárban. Budapest: Szinháztudományi és Filmtudományi Intézet, 1959. 40 p.

Manga, János. Balassagyarmat a Tanácsköztársaság idején. Balassagyarmat: Múzeumok Központi Propaganda Irodája, 1959, 177 p.

Máté, György. Szikrától lobban a láng. A magyar kommunista sajtó munkásainak harca. Budapest: Művelt Nép, 1956. 183 p.

Mészáros, Károly. Az Öszirózsás Forradalom és a Tanácsköztársaság parasztpolitikája, 1918-1919 különös figyelemmel Sopronra. Budapest: Akadémiai Kiadó, 1966. 201 p.

_____. Somogyi Tizenkilencesek. Kaposvár: MSzMP. Somogyi Bizottsága, 1959. 120 p.

Mihályfi, József. A veszprémi túszság története. Budapest: Stephaneum, 1920. 95 p.

Milei, György. A Kommunisták Magyarországi Pártjának megalapitásáról. Budapest: Kossuth, 1962. 77 p.

Münnich, Ferenc. Az októberi forradalom és a Magyar Vörös Hadsereg. Budapest, Zrinyi, 1959. 39 p.

_____. Die ungarische Rote Armee. Vienna, 1920.

Nagy, Dezső. A tanácshatalom története Cegléden. Budapest: Múzeumok Központi Propaganda Irodája, 1956. 92 p.

Nagy, József. Az 1918-as polgári forradalom és Tanácsköztársaság Hevesmegyében. Eger: Egri Nyomda, 1955. 46 p.

_____. A Magyar Tanácsköztársaság Vörös Hadseregének hadműveletei Heves megye területén. Eger: Egri Pedagógiai Főiskola, 1957. 14 p.

_____, and Imre Szántó, eds. Heves megye a Tanácsköztársaság idején. Eger: 1959. 175 p.

Nagy, Károly. Az alsólendvai ellenforradalom. Zalaegerszeg: Nagy Károly, 1920. 98 p.

Nagy, Tibor, and Ernő Huszti. Magyar Tanácsköztársaság pénzügyi rendszere. Budapest: Közgazdasági és Jogi Kiadó, 1959. 289 p.

Nagy, Zsuzsa L. Baranya megye történetének néhány vonása a Tanácsköztársaság idején. Pécs: Pécsi Szikra, 1955. 30 p.

_____. Forradalom és ellenforradalom a Dunántúlon 1919-ben. Budapest: Kossuth, 1961. 292 p.

_____. Küzdelem a Dunántúlon az ellenforradalom hatalomrajutása ellen. Budapest: Akadémiai Kiadó, 1955. 30 p.

_____. A párizsi békekonferencia és Magyarország. Budapest: Kossuth, 1965. 309 p.

Novák, Jozsef. Dombóvár 1919-es hősei és mártirjai. Szekszárd: Megyei Tanács VB, 1959. 48 p.

Nyiri, Gyula (Beucz, Zoltán). Hogyan készitette elő a Károlyi kormány a magyar proletárdiktaturát. Budapest: Auróra, 1942. 116 p.

_____. Az októberi forradalom demokráciája. Budapest: 1926.
In German: Die Regierung Károlyi in Ungarn. Budapest: 1926.
In French: Ce que fut la révolution d'octobre 1918 en Hongrie. Paris: 1926. 125 p.

Priester, Éva, and Andor Kelendy. A cattaroi matrózfelkelés. Budapest: 1961.

Rákos, Ferenc. Állam és alkotmány a Magyar Tanácsköztársaságban. Budapest: Közgazdasági és Jogi Kiadó, 1953. 147 p.

_____. Államhatalom a Magyar Tanácsköztársaságban. Budapest: 1959. 44 p.

Rudas, László. A szakadás okmányai. Vienna: 1920. In Italian: I documenti della scissione.

Rudnyánszky, Endre. Árulok tanácsai és munkástanácsok. Moscow: 1918.

Sarlós, Béla. A Tanácsköztársaság forradalmi törvényszékei. Budapest: Közgazdasági és Jogi Kiadó, 1961. 363 p.

Sarlós, Márton, ed. A Magyar Tanácsköztársaság állama és joga. Budapest: Akadémiai Kiadó, 1959. 319 p.

Schmitt, Henry Charles. Die fünf ersten Tage einer Revolution. Bern: Haller, 1919.

Simonffy, Béla, et al., eds. Tanácsköztársaság Zala megyében. Zalaegerszeg: 1959.

Somogyi tizenkilencesek. Kaposvár: MSzMP Somogy Megyei Bizottsága, 1959. 120 p.

Soós, Katalin G. A nyugatmagyarországi kérdés (1918-1919). Budapest: Akadémiai Kiadó, 1962. 67 p.

Stef, István, et al. A Tanácsköztársaság gyomai járásbeli történetéből. Gyoma: Békésmegyei Nyomda, 1959. 23 p.

Szabolcsi, Miklós, and László Illés, eds. Tanulmányok a magyar szocialista irodalom történetéből. Budapest: Akadémiai Kiadó, 1962.

Székely, Endréné. Uj tavaszi seregszemle. Budapest: Tankönyvkiadó, 1959. 187 p.

Székely, Sámuel. Felelős-e a zsidóság az ország romlásáért? Budapest: Kultura, 1919. 32 p.

Szemere, Vera. Az agrárkérdés 1918-19-ben. Budapest: Kossuth, 1963.

Szentpéteri, István. A tanácsok megalakulása és jogi szabályozása a Magyar Tanácsköztársaságban. Szeged: Acta Universitatis Szegediensis, 1957. 38 p.

Szerényi, Simon, ed. Népbiztosok futása a frontról. Budapest: Kátai Albert, 1919. 64 p.

Szigetvári, István, comp. A szövetkezetek a Tanácsköztársaság idején. Budapest: Kossuth, 1959. 377 p.

Szokodi, József. Adatok a Tanácsköztársaság egri történetéhez. Eger: Egri Pedagógiai Főiskola, 1958. pp. 355-74.

_____. Gyöngyös a két forradalom idején. Budapest: Muzeumok Központi Propaganda Irodája, 1959. 58 p.

_____. Heves megyei adatok a Magyar Tanácsköztársaság történetéhez. Eger: Egri Pedagógiai Főiskola, 1959. pp. 159-96.

A Tanácsköztársaság Csongrád megyében. Csongrád: MSzMP Csongrád Megyei Bizottsága, 1959, 2 v. 184, 60 p.

A Tanácsköztársaság Fejér megyében. Székesfehérvár: Fejér Megyei Tanács, 1959. 147 p.

A Tanácsköztársaság Hajdu-Biharban. Debrecen: MSzMP Hajdu-Biharmegyei Bizottsága, 1959. 599 p.

A Tanácsköztársaság Mátészalkán és környékén. Mátészalka: Járási Tanács VB, 1959. 75 p.

A Tanácsköztársaság mezőgazdasági termelőszövetkezetei. Budapest: Tempó, 1959.

A Tanácsköztársaság napjai Esztergomban. Budapest: Esztergomi Emlékbizottság, 1960. 149 p.

A Tanácsköztársaság 40. éve Szabolcs-Szatmár megyében. Nyiregyháza: Szabolcs-Szatmármegyei Nyomda, 1959. 179 p.

Tanácsköztársaság: Sopron, 1919. Sopron: Sopron Város Tanácsa, 1959. 112 p.

A Tanácsköztársaság Veszprém megyében. Veszprém: MSzMP Veszprémmegyei Bizottsága, 1959. 276 p.

Tanulmányok a Magyar Népköztársaság államáról és jogáról. Budapest: Közgazdasági és Jogi Kiadó, 1955. 167 p.

Tarján, Vilmos. A terror. Budapest: "Ujságüzem," 1919. 62 p.

Tihanyi, Ernő. Váci mártirok -- váci hóhérok 1919-ben. Vác: 1963. 31 p.

Tokody, Gyula. Die Wirkung der Ungarischen Räterepublik auf die politische Linie der damaligen deutschen imperialistischen Presse. Debrecen: Acta Universitatis, 1960. pp. 259-77.

Tömegmozgositás a Tanácsköztársaság idején. Budapest: Magyar Honvédelmi Sportszövetség, 1959. 15 p.

Varga, Jenő. A földkérdés a magyar proletárforradalomban. Ekaterinburg: Gosudarstvennoe Izdatelstvo, 1920. 15 p.
In German: Die Agrarfrage in der ungarischen proletarischen Revolution. Reichenberg: Runge and Co., 1921. 18 p.

_____. A Magyar Tanácsköztársaság gazdasági szervezete. Moscow: 1920. In German: Die Wirtschaftsorganisation der ungarischen Räterepublik. Reichenberg: Runge and Co., 1920. 19 p.

_____. Die wirtschaftspolitischen Probleme der proletarischen Diktatur. Vienna: Neue Erde, 1920. 138 p.

Varga, Zoltán, ed. A debreceni munkásmozgalom története a munkásmozgalmi szervezkedés kezdetétöl a Tanácsköztársaság leveréséig. Debrecen: Alföldi Magvetö, 1956. 303 p.

Veress, József. Selskokhoziaistvennye proizvodstvennye kooperativy vengerskoi sovetskoi respubliki. Szeged: Acta Universitatis Szegediensis, 1960. 18 p.

Vietor, Martin. Slovenská sovietska republika. Bratislava: Slovenské Vydavatel'stvo Politickej Literatury, 1955.

Viegh, Károly, et al., eds. Vörös Pest megye. Budapest: Kossuth, 1959. 147 p.

Viharban nöttek fel. Szabolcs-Szatmár a Tanácsköztársaság idején. Nyiregyháza: 1959. 28 p.

Vincze, László. A Magyar Tanácsköztársaság közoktatásügyi politikája. Budapest: Közoktatási Kiadó, 1951. 63 p.

Wagner, Ján A. Kommunizmus v Pešti. Bratislava: L. Izák, 1919. 18 p.

Weltner, Jakab. Az egység okmányai. Budapest: Közoktatásügyi Népbiztosság Kiadása, 1919. 24 p.

B. Articles

A. B. "A proletármúzeum megalakitása," Világosság, September 29, 1920, pp. 293-94.

_____. "A proletármúzeum munkája," Világosság, October 13, 1920, pp. 325-26.

Ádám, Manó. "A matematika tanitásának 1917-19 évi reformterve," Matematika Tanitása, No. 2 (1959), pp. 33-39.

Agárdi, Ferenc. "A nagy haditerv," Magyarország, No. 3 (1957), p. 10.

A. I. "A diktatura gyermekvédelme: Egy hozzászólás," Világosság, December 15, 1920, pp. 469-70.

"Átképzö tanfolyamok a proletárdiktatura alatt," Világosság, October 20, 1920, pp. 342-43.

Balázs, Béla. "A miskolci pofon," Munkás, March 1928 (special issue).

Balázs, József. "A magyar Vörös Hadsereg északmagyarországi ellencsapásának néhány problémája," Katonai Szemle, No. 2 (1957), pp. 149-54.

_____. "A magyar Vörös Hadsereg hösi harcaiból," Néphadsereg, No. 222 (1955), p. 4.

_____. "Salgótarján, 1919," Hadtörténelmi Közlemények, I, Nos. 3-4 (1954), pp. 290-326

Balogh, Lajos, and Lajos Király. "A Tanácsköztársaság nyelvéről," Magyar Nyelvőr, LV, No. 3 (1959), pp. 391-97.

Barcza, Géza. "Műemlékvédelem a Magyar Tanácsköztársaság idején," Épitöipari Közlmények, VIII, Nos. 3-4, (1964), pp. 443-65.

"Béla Kun," The Liberator, September 1919, p. 6.

Bellér, Béla. "A marxista történettanitás kezdetei 1919-ben," Történelemtanitás, IV, No. 2 (1959), pp. 7-11.

_____. "A Tanácsköztársaság a világi iskoláért," Világosság, IV, No. 3 (1963), pp. 168-73.

_____. "A természettudományok oktatása a Tanácsköztársaság idején," Természettudományok Tanitása, No. 2 (1959), pp. 1-4.

_____. "Tudománypolitika a Tanácsköztársaság idején," Valóság, II, No. 2 (1959), pp. 94-98.

Benedek, György. "Az elsö nap," Párisi Munkás, March 19, 1927, p. 3.

Biczó, Sándor. "Proletárjog," Jogtudományi Közlöny, XIV, Nos. 2-3 (1959), pp. 99-102.

Birov, A. Iu. "Borot'ba Ugorskoi Radianskoi Respubliki proti imperialistichnoi interventsii v 1919," Unpublished doctoral dissertation, Uzhgorod: Derzhavnii Universitet, 1959.

Bodnár, Emil. "A felnőttek oktatása Magyarországon a diktatura alatt," Világosság, June 22, 1920, pp. 69-71.

Böhm, Vilmos. "A Magyar Vörös Hadsereg," Világosság, December 22, 1920, pp. 480-82.

Bolgár, Elek. "A Magyar Tanácsköztársaság és a világpolitikai helyzet," Uj Március, No. 3 (March 1928), pp. 149-54.

Bónis, György. "Adatok a Budapesti Forradalmi Törvényszék történetéhez," Levéltári Közlemények, XXIX, No. 1 (1959), pp. 293-312.

Boross, Ferenc L. "Marzauftakt in Ungarn," Internationale Presse-Korrespondenz, No. 12 (March 22, 1924), pp. 252-53.

Bródy, András. "Adalékok a forradalmi kormánytanács szocializálási rendeletéhez," Közgazdasági Szemle, VI, No. 3, pp. 309-17.

"A ceglédi 1919-es szükségpénzről," Pestmegyei Hirlap, March 17, 1961.

Chlepkó, Ede. "A vörösőr zászlóaljak gyözelme a cseh fronton," Sarló és Kalapács, June 1, 1934.

Cs. "A kommunista ifjumunkások a fronton," Párisi Munkás, March 12, 1927, p. 4.

Császtvay, István. "Jászberény az 1918-as polgári demokratikus forradalom idején," Jászkunság, IV, Nos. 1-2 (1958), pp. 2-8.

Csatkai, Endre. "Sopron egészségügye és népművelése az 1919-es Tanácsköztársaság idején," Soproni Szemle, IX, Nos. 3-4 (1955), pp. 105-13.

_____. "Sopron képzőművészeti élete a Tanácsköztársaság idején," Soproni Szemle, XIII, No. 1 (1959), pp. 103-10.

Csillag, Ferenc. "A politikai biztosok szerepe a Tanácsköztársaság Vörös Hadseregében," Hadtörténelmi Közlemények, IX, No. 1 (1962), pp. 100-124.

Czine, Mihály. "Móricz Zsigmond a forradalmakban," Irodalomtörténeti Közlemények, LXIII, No. 2 (1959), pp. 217-33.

Derkovics, Jenő. "A Magyar Vörös Hadsereg gyári munkásezredeinek szervezése," Hadtörténelmi Közlemények, II, Nos. 3-4 (1955), pp. 213-42.

Dezsényi, Miklós. "A magyar vörös dunai hajóraj az 1919 - évi honvédő háboruban," Hadtörténelmi Közlemények, VI, No. 1 (1959), pp. 73-97.

Disagio. "The Finances of Soviet Hungary," The New Europe, XII, No. 150 (August 28, 1919), pp. 162-64.

_____. "The Financial Legacy of the Hungarian Soviet," The New Europe, XII, No. 156 (October 9, 1919), pp. 303-6.

Dömötör, Gergely. "A fegyvernemek szerepe a Magyar Tanácsköztársaság honvédő háborujában," Hadtörténelmi Közlemények, I, Nos. 3-4 (1954), pp. 328-64.

_____. "A 3.-ik vörös hadosztály Losonc felszabaditásáért folytatott tevékenysége," Hadtörténelmi Közlemények, VI, No. 2 (1959), pp. 49-86.

_____. "A Magyar Vörös Hadsereg kisalföldi támadásának kezdéséhez," Hadtörténelmi Közlemények, I, No. 2 (1954).

"Elv és ötlet," Vörös Ujság, February 27, 1920, p. 4.

"Erklärung Bela Kuns und seiner Kameraden an den Wiener Kreisarbeiterrat," Die Kommunistische Internationale, No. 12 (1920), pp. 2275-76.

"1919, Salgótarján," Szabad Nép, VII, No. 66 (March 20, 1949), p. 4.

Farkas, Dezső. "A Magyar Tanácsköztársaság Bihar megyei történetéből," Alföld, XII, No. 2 (March-April 1961), pp. 141-48.

Farkas, G. "Deiatel'nost' podpol'noi organizatsii vengerskikh kommunistov v Krasnoiarske v 1919," Proletarskaia Revoliutsiia, No. 10 (93) (1929), pp. 96-108.

Farkas, Vilmos. "Tudománypolitika a Tanácsköztársaság idején," Valóság, II, No. 2 (1959), pp. 94-100.

Fehér, András. "A debreceni direktórium kulturpolitikája," Alföld, IX, No. 1 (1958) pp. 87-90.

_____. "Az 1919-es proletárdiktatura Hajdu megyei történetéhez," Párttörténeti Közlemények, V, No. 2 (1959), pp. 1-52.

Fodor, Henrik, and József Bencze. "Vas megye müvelödés- és egészségügye 1919-ben," Vasi Szemle, I (1959), pp. 10-14.

Fodor, József. "Csucsa, 1919 március 21," Népszava, LXXXVII, No. 68 (March 21, 1959), p. 6.

Fogarasi, Béla. "A Tanácsköztársaság kulturpolitikája," Uj Hang, No. 3 (March 1939), pp. 62-63; Társadalmi Szemle, IV (March 1949), pp. 210-13.

_____. "A Tanácsköztársaság tudományos- és kulturpolitikájáról," Magyar Tudomány, IV, No. 4 (1959), pp. 179-82.

Fogarassy, László. "Hogyan került a soproni vörös ezred Visegrádra?" Soproni Szemle, XV, No. 4 (1961), pp. 357-59.

_____. "A Magyar Tanácsköztársaság vörös hadseregének röpcsényi védöszakasza," Soproni Szemle, XIV, No. 3 (1960), pp. 251-53.

_____. "A Magyar Vörös Hadsereg utolsó csatája," Jászkunság, Nos. 3-4 (1961).

_____. "Az 5. Vörös Hadosztály történetéhez," Borsodi Szemle, VII, No. 6 (1963), pp. 99-102.

_____. "Sopron és az 1919-es hadszintér," Soproni Szemle, XV, No. 1 (1961), pp. 75-79.

"Földosztás Magyarországon és Oroszországban," Vörös Ujság, May 1, 1920, p. 2.

Gaál, Endre. "A hódmezövásárhelyi Nemzeti Tanács megalakulása és müködése," Tiszatáj, XIII, No. 10 (1959), pp. 3-4.

_____. "A Tanácsköztársaság szegedi eseményei és a revizionisták," Tiszatáj, February 1959, pp. 3, 10; March 1959, pp. 3-4.

Gaál, Ferenc. "Ahol Kun Béla gyermekéveit töltötte," Ország-Világ, July 31, 1963, p. 7.

Gábor, Andor. "Rónai különvonata," Proletár, October 21, 1920, p. 12.

Gábor, Sándorné. "A Kommunisták Magyarországi Pártja és a Magyarországi Szociáldemokrata Párt egyesülése 1919-ben," Párttörténeti Közlemények, VI, No. 3 (1960) pp. 155-67.

Gazsi, József. "A sajószegi katona lázadás," Borsodi Szemle, VI, No. 5 (1962), pp. 67-69.

Gellért, László. "Szocialista középiskolai diákmozgalom a Tanácsköztársaság idején," Párttörténeti Közlemények, VII, No. 1 (1961), pp. 181-98; Pedagógiai Szemle, I, No. 3 (1959), pp. 301-16.

Gergely, Ernö. "A Magyar Tanácsköztársaság nemzetiségi politikája," Jogtudományi Közlöny, XIV, Nos. 2-3 (1959), pp. 80-89.

Gergelyffy, András. "Műemlékvédelmünk a Tanácsköztársaság idején," Műemlékvédelem, III, No. 4 (1959), pp. 210-13.

Györffy, Sándor. "Az Országos Levéltár emlékkiállitása a Tanácsköztársaság 40. évfordulója alkalmából," Levéltári Hiradó, IX, Nos. 1-2 (1959), pp. 15-24.

_____. "Tervek a magyar vegyipar jövőjéről a Tanácsköztársaság idején," Magyar Kémikusok Lapja, XIX, No. 3 (1964), pp. 138-40.

György, Ernő. "A Tanácsmagyarország gazdasági vonatkozásu rendelkezései," Jogtudományi Közlöny, V, Nos. 19-21 (December 30, 1950), pp. 575-87.

Györkei, Jenő. "Szovjetoroszországban harcoló magyar internacionalisták a Magyar Tanácsköztársaság Megteremtéséért," Katonai Szemle, No. 4 (1958), pp. 94-100.

Hajdú, Pál. "Emlékezés a gyüjtöfogházi kommün emlékünnepre," Uj Március, No. 3 (March 1928), pp. 163-64.

_____. "Harminc éves a Vörös Ujság," Szabad Nép, December 7, 1948, p. 2.

Hajdú, Tibor. "Az 1919 junius 24-i ellenforradalmi lázadás történetéhez," Párttörténeti Közlemények, V, No. 2 (1959), pp. 240-72.

_____. "A forradalom győzelme vidéken: A Forradalmi Kormányzótanács vidéki sajtóosztályának jelentéseiből," Századok, XCIII, No. 1 (1959), pp. 159-71.

_____. "Lengyel Gyula beszámolója a közélelmezés helyzetéről a budapesti munkástanács 1919 julius 3.-i ülésén," Párttörténeti Közlemények, VIII, No. 4 (1962), pp. 173-87.

Halász, Pál. "A jogi gondolkozás alakulása a Magyar Tanácsköztársaságban," Jogtudományi Közlöny, XIV, Nos. 2-3 (1959), pp. 54-60.

Hamburger, Jenő. "A kaposiak," Proletár, September 16, 1920, pp. 19-20.

_____. "A magyar gazdasági proletáriátus helyzete a proletárdiktatura alatt," Proletár, September 9, 1920, pp. 13-15.

_____. "A magyar mezőgazdasági proletáriátus helyzete a Károlyi forradalom alatt," Proletár, September 2, 1920, pp. 13-14.

"Harcba hiv a szó," Magyar Ifjuság, January 1959.

"Hazudtak-e a kommunisták?" Proletár, August 5, 1920, p. 12.

Hetés, Tibor. "A budapesti munkások felfegyverzése a Magyar Tanácsköztársaság védelmében," Tanulmányok Budapest multjából, XIII (1959), pp. 423-74.

Hevesi, (Julius). "Economic Revolution in Hungary," The Communist International, No. 3 (1919), pp. 315-18.

_____. "Hogyan dolgoztak a kommunisták a tömegek között," Társadalmi Szemle, XIII, No. 10 (1958), pp. 107-12.

_____. "Az ipari termelés központi irányítása és a helyi igazgatás módja a Tanácsköztársaság idején," Közgazdasági Szemle, VI, No. 3 (1959), pp. 242-54.

_____. "Szocialista iparszervezés és távlati tervezés a Tanácsköztársaságban," Magyar Tudomány, IV, No. 4 (1959), pp. 183-87.

Hévizy, András. "Október és az agrárkérdés," Uj Hang, October 1938, pp. 9-13.

"Hogy gondoskodott Landler a vasutasokról," Uj Március, No. 3, March 1928 (special issue), pp. 12-13.

Horváth, Ferenc. "Az első proletárdiktatura Vas megyében," Vasi Szemle, I (1959), pp. 1-9.

_____. "A Tanácsköztársaság Vas megyei dokumentumaiból," Vasi Szemle, I (1959), pp. 14-23.

Horváth, Róbert. "A Magyar Tanácsköztársaság statisztikai koncepcióiról," Acta Universitatis Szegediensis VI, No. 4 (1960). 16 p.

Hranchak, I. M. "Iz istorii natsional'noi politiki Ugorskoi Radianskoi Respubliki," Naukovi Zapiski Derzhavnii Universitet, XXXVIII (1959), pp. 22-33.

Huszár, József. "Aszód és az aszódi járás direktoriuma," Világosság, June 8, 1920, pp. 31-34.

Illés, Artur. "A közélelmezés problémái a magyarországi diktaturában," Uj Március, March 1929 (special issue).

J. A. "Hetés Tibor: A 80. nemzetközi dandár. Könyvismertetés," Hadtörténelmi Közlemények, X, No. 2 (1963), pp. 284-85.

Jakab, Géza. "Emlékezés a 'Munka Szobrának' 1919 május 1.-i leleplezéséről," Zalai Hirlap, XVIII, No. 100 (April 30, 1962), p. 7.

Jenei, Károly. "Pénzintézetek és hitelszervezet a Tanácsköztársaság alatt," Levéltári Közlemények, XXIX, No. 1 (1959), pp. 313-33.

_____, and István Szigetvári. "A Tanácsköztársaság mezőgazdasági termelőszövetkezeteinek szervezete és ügyvezetése," Levéltári Közlemények, XXIX, No. 1 (1959), pp. 369-87.

Józsa, Antal, and József Gazsi. "A magyar hadifoglyok hazatérése Szovjet-Oroszországból," Hadtörténelmi Közlemények, No. 2 (1961), pp. 792-854.

József, Farkas. "Gondolatok a Tanácsköztársaság irodalmáról," Irodalomtörténeti Közlemények, LXIII, Nos. 1-4 (1959), pp. 184-215, 369-87.

Juhász, Lajos. "A Tanácshatalom egészségpolitikája Debrecenben," Orvostörténeti Könyvtár Kiadványai, No. 18, 1960.

Kacsenyák, Ferenc. "A Magyar Tanácsköztársaság lakáspolitikája," Közgazdasági Szemle, VI, No. 3 (1959), pp. 318-26.

Kádár, Imre. "Az Országos Kisérleti Kriminológiai Intézet a Tanácsköztársaságban," Jogtudományi Közlöny, XIV, No. 9 (1959), pp. 468-72.

Kaposvári. "Somogy a forradalomban," Párisi Munkás, March 19, 1927, p. 3.

K. B. "Somogymegye a két forradalom és a fehér terror alatt," Világosság, December 1, 1920, pp. 437-38.

Kelemen, István. "A magyar kommün gazdaságtörténetéhez," Proletár, September 30, 1920, pp. 19-20.

Kern, Mihály. "Az ellenforradalmi kisérlet leverése Kőszegen," Vasi Szemle, I (1959), pp. 27-30.

Király, Albert. "A magyar szakszervezetek a proletárdiktatura idején," Proletár, March 17, 1921 (supplement), pp. 12-14.

Kirschner, Béla. "A Tanácsköztársaság jobboldali vezetőinek tevékenysége a pártkongresszuson, 1919-ben," Párrtörténeti Közlemények, XI, No. 2 (1965), pp. 91-115.

Kis, Erzsébet S. "A Tanácsköztársaság szociális intézkedései," Tiszatáj, April 1959, p. 5; May 1959, p. 3.

"A kispolgár hangosan gondolkodik a forradalomrol," Vörös Ujság, March 25, 1920, p. 4.

Kőhalmi, Béla. "A három nagy könyvtár a Tanácsköztársaság idején," Magyar Konyvszemle, No. 2 (1959), pp. 149-62.

Kolejka, J. "K otázce útočné víky československé buržoasie proti Madárské Sovětské republice r. 1919," Časopis Matice Moravské (Brno), Nos. 1-2 (1952), pp. 4-18.

Komáromy, József. "A győzelmes miskolci csata: 1919. május 20-21," Borsodi Szemle, I, No. 1 (1956), pp. 3-18.

Komlósy, Sándor. "A Tanácsköztársaság közoktatásügyéről," Baranyai Művelődés, March 1959, pp. 3-10.

Komoróczy, György. "Emlékezés a Tanácsköztársaság Hajdu-Bihar megyei történetére," Élet és Művelődés, May 1959, pp. 1-4.

Koncsek, László. "A bécsi és Sopron megyei ellenforradalom kapcsolatai 1919-ben," Soproni Szemle, X, No. 2 (1956), pp. 97-115; XIII, No. 1 (1959), pp. 73-90.

Körner, Éva. "Künstler der Ungarischen Räterepublik," Acta Historiae Artium, VI, Nos. 1-2 (1959), pp. 169-91.

Kornis, Pál. "A Magyar Tanácsköztársaság Vörös Hadseregének harcai," Természet és Társadalom, No. 5 (1955), pp. 259-63.

_____. "A Magyar Vörös Hadsereg felvidéki hadműveleteinek néhány kérdése," Hadtörténelmi Közlemények, I, No. 1 (1954), pp. 35-63.

Köte, Sándor. "A munkaiskola problémái a Tanácsköztársaság idején," A Munkára Nevelés Hazai Történetéből (1964), pp. 407-40.

Kovács, Mihály. "Az 1. Vasutbiztositó Örzászlóalj története," Hadtörténelmi Közlemények, VII, No. 2 (1960), pp. 144-53.

Kovacsics, József. "A Magyar Tanácsköztársaság statisztikai munkájáról," Történelmi Statisztikai Közlemények, III, Nos. 1-2 (1959), pp. 3-10.

Kővágó, József. "Az 1919 évi szlovénvidéki ellenforradalomról," Hadtörténelmi Közlemények, XI, No. 2 (1964), pp. 203-30.

_____. "Délszlávok a Magyar Tanácsköztársaságért," Párttörténeti Közlemények, V, Nos. 3-4 (1959), pp. 160-86.

Kővágó, László. "Jugoslavjane v Vengrii i pravonatsiina samoopredelenie," Acta Historica, XI, Nos. 1-4 (1965), pp. 113-62.

Kövesdi, Sándor. "A proletárdiktatura Szekszárdon," Sarló és Kalapács, No. 10 (1936).

Kral, Vaclav. "A magyar és szlovák Tanácsköztársaság kapcsolatai," Jászkunság, No. 1 (1959).

Křen, Ján. "Prace o intervencí proti Mad'árské Sovetské republice," Nova Mysl, No. 8 (august 1955), pp. 843-48.

Kulcsár, István. "Az albertfalvai repülőgépgyárban," Világosság, June 1, 1920, pp. 17-18.

Kun, Béla. "A magyar proletárdiktatura gazdasági tanulságai," Vörös Ujság, September 5, 1920.

_____. "An die Massen heran," Internationale Presse-Korrespondenz, No. 1 (September 24, 1921), p. 9.

Ladányi, Andor. "A Tanácsköztársaság felsőoktatási politikájának kérdéséhez," Századok, IC, Nos. 1-2 (1965), pp. 152-71.

"A Landler hadtest," Uj Március, No. 3, March 1928 (special issue), pp. 10-12.

Landler, Jenő. "A mi igazi májusi ünnepünk," Proletár, April 28, 1921, pp. 7-8.

_____. "A Vörös Hadsereg háboruja a csehekkel szemben," Proletár, March 17, 1921 (supplement), pp. 6-10.

Lebov, Mikhail Farkashevich. "A Magyar Tanácsköztársaság iparának és pénzügyének szocialista átalakitásáról," Párttörténeti Közlemények, V, No. 1 (1959), pp. 51-

Lengyel, Gyula. "A fehérpénztől a proletárpénzig," Uj Március, March 1928, pp. 175-77.

_____. "Uj március -- uj gazdaságpolitika," Párisi Munkás, March 23, 1929.

Liptai, Ervin. "Adalékok a Magyar Tanácsköztársaság és Szovjet-Oroszország fegyveres szövetségének kérdéséhez," Hadtörténelmi Közlemények, V, Nos. 1-2 (1958), pp. 71-91.

Lörincz, Zsuzsa B. "A Mágyar Tanácsköztársaság levéltárügye," Levéltári Közlemények, XXIX, No. 1 (1959), pp. 217-29.

"A lóversenytéri szocializált konyhakertészet," Világosság, June 15, 1920, p. 55.

Lukács, György. "Bodone generális," Proletár, December 30, 1920, p. 5.

_____. "Ellenforradalmi erők a magyar proletárdiktaturában," Uj Március, No. 3 (March 1928), pp. 154-59.

Magyar, Lajos. "Die Agrarpolitik der proletarischen Revolution in Ungarn," Die Kommunistische Internationale, No. 13 (1929), pp. 755-70.

"Magyar népbiztosok Ausztriában 1919-1920-ban," Párttörténeti Közlemények, VII, No. 1 (1961), p. 199.

"A Magyarországi Szocialista Szövetséges Tanácsköztársaság alkotmánya," Belpolitikai Szemle, No. 3 (1959), pp. 80-85.

"A Magyar Tanácsköztársaság Vörös Hadseregének harcai 1919-ben," Szemelvények a magyar hadtörténelem tanulmányozásához, II (Budapest, 1955), pp. 337-492.

"A magyar zeneélet a Tanácsköztársaság idején," Énektanitás, No. 2 (1959), pp. 5-7.

Majer, Vilmos. "A Magyar Vörös Hadsereg 46. gyalogezred III. zászlóalj 10. százada a Magyar Tanácsköztársaság északi harcaiban," Hadtörténelmi Közlemények, VI, No. 1 (1959), pp. 97-124.

Makár, Béla. "Véres napok Vásárosdombon," Müvelödési Tájékoztató, June 1960, pp. 70-73.

Március. "A kisipar és a forradalom," Világosság, July 6, 1920, pp. 98-100; July 13, 1920, pp. 116-18.

Marjalaki Kiss, Lajos. "A gésztelyi vörös katona vértanuk," Borsodi Szemle, I, No. 2 (1957), pp. 19-20.

"Marriage Made Convenient in Communistic Budapest," Literary Digest, LXII, No. 9 (August 30, 1919), pp. 102-6.

Mártonffy, Károly. "A közszolgálat jogi szabályozása a Magyar Tanácsköztársaságban," Jogi Közlemények, XV, No. 6 (1960), pp. 301-12.

Mathejka, János. "Irodalom és müvészet a magyar proletárdiktaturában," Uj Március March 1929 (special issue).

Matuz, József. "A Vörös Hadsereg és a dolgozó nép," Hadtörténelmi Közlemények, II, Nos. 3-4 (1955), pp. 243-66.

"Megemlékezés a Szántó-Kovács mozgalomról a Tanácsköztársaság idején," Csongrád Megyei Hirlap, IV, No. 92 (April 2, 1959), p. 3.

Mészáros, Gyula. "Sopron emlékezik a Tanácsköztársaság mártirjaira," Soproni Szemle, XV, No. 1 (1961), pp. 61-65.

Mészáros, Károly. "Adalékok a Tanácsköztársaság pénzügyi helyzetének alakulásához, a falu és város közötti termékcseréhez, rekvirálásokhoz," Párttörténeti Közlemények, VIII, No. 3 (August 1962), pp. 38-62.

Milei, György. "Az ifjumunkások között végzett népművelési munkáról az 1919-es Magyar Tanácsköztársaság idején," Népművelés, No. 6 (1955), pp. 388-91.

Mishchenko, S. O. "Vidguki trudiakhshchikh Radianskoi Ukraini na revoliutsiiu v Ugorshchini v 1919 rr," Naukovi Zapiski, Derzhavnii Universitet, XXXVIII (1959), pp. 40-44.

Mitev, Y. "Uchastie bulgarski rabotnitsi v ungarskaia revoliutsiia prez 1919 g.," Izvestiia na Instituta za Bulgarska Istoriia, No. 5 (1954), pp. 243-51.

Molnár, István. "Ismeretlen irodalmi lap 1919-ből," Irodalomtörténeti Közlemények, LXIII, Nos. 3-4 (1959), pp. 512-15.

Müller, Hans. "A Magyar Tanácsköztársaság és a német proletáriátus," Vörös Ujság, March 21, 1920.

"Munkástanácsok élete a magyar proletárdiktatura alatt," Párisi Munkás, March 23, 1929.

Münnich, Ferenc. "A 6.-ik vörös hadosztály történetéből," Sarló és Kalapács, March 15, 1935.

_____. "Az Októberi Forradalom és a Magyar Vörös Hadsereg," Hadtörténelmi Közlemények, VI, No. 1 (1959), pp. 3-38.

Nagy, József. "A Magyar Tanácsköztársaság Vörös Hadseregének hadműveletei Heves megye területén," Az Egri Pedagógiai Főiskola Évkönyve, III (1957), pp. 197-210.

Nagy, Tibor. "A Magyar Tanácsköztársaság pénzügyi rendszere," Pénzügy és Számvitel, III (1959), pp. 81-86.

Nagy, Zsuzsa L. "Az Antant segélyprogramja és az 1918-1919-es forradalmak," Párttörténeti Közlemények, IX, No. 3 (1963), pp. 37-68.

_____. "Küzdelem a Dunántulon az ellenforradalom hatalomrajutása ellen," Századok, LXXXIX, No. 2 (1955), pp. 211-40.

_____. "The Mission of General Smuts to Budapest," Acta Historica, XI, Nos. 1-4 (1965), pp. 163-85.

_____. "Az osztályerőviszonyok alakulásának néhány kérdése a Dunántulon a Tanácsköztársaság idején," A Magyar Tudományos Akadémia Történettudományi Intézetének Értesitője, VII, Nos. 1-2 (1956), pp. 52-78.

_____. "A párizsi békekonferencia és az 1918-1919. évi magyarországi forradalmak," Élet és Tudomány, XIX, No. 26 (1964), pp. 1235-39.

_____. "A Tanácsköztársaság Zala megyei történetéből," A Göcseji Muzeum Jubileumi Emlékkönyve. Zalaegerszeg: Zalai Tanács VB, 1960, pp. 1-358.

Nándori, Pál. "Adalékok a Tanácsköztársaság ellen szervezkedő magyar feudális arisztokrácia árulásának kérdéséhez," Jogtudományi Közlöny, XIV, Nos. 2-3 (1959), pp. 90-95.

Névai, László. "A Magyar Tanácsköztársaság polgári eljárási jogalkotása," Jogtudományi Közlöny, X, No. 3 (1955), pp. 129-35.

Nyékes, István. "A Magyar Tanácsköztársaság agrárpolitikájáról," Agrártudomány, No. 3 (1959), pp. 78-81.

Oltvai, Ferenc. "A szegedi szinházi direktórium," Tiszatáj, No. 1 (1959), p. 7.

_____. "A szocializált birtokok Csongrád megyében; 1919. április-augusztus," Levéltári Közlemények, XXIX, No. 1 (1959), pp. 334-59.

Ort, János. "Budapest központi városigazgatása a polgári demokratikus forradalom és a Tanácsköztársaság idején," Levéltári Közlemények, XXIX, No. 1 (1959), pp. 244-92.

_____. "A Forradalmi Kormányzótanács rendelettervezete Budapest főváros közigazgatásának szabályozására," Levéltári Hiradó, Nos. 3-4 (1959), pp. 200-203.

Osváth, Béla. "A Tanácsköztársaság szinházpolitikája," Tanulmányok a magyar szocialista irodalom történetéböl, 1962, pp. 96-114.

Pamlényi, Ervin. "A Magyar Tanácsköztársaság kulturpolitikájáról," Századok, XCIII, No. 1 (1959), pp. 109-16.

Pap, Tibor. "A házasság felbontásának problematikája a Magyar Tanácsköztársaságban," Jogtudományi Közlöny, XIV, Nos. 2-3 (1959), pp. 129-38.

"Parteiverschmelzungen in Ungarn und in Deutschland," Die Kommunistische Internationale, No. 16 (1921), pp. 73-77.

Pártos, Zoltán. "A diktatura gyermekvédelme," Világosság, December 8, 1920, pp. 434-54.

Passuth, Krisztina. "A köztulajdonba vett műkincsek kiállitása 1919-ben," Művészet, III, No. 8 (1962), pp. 12-13.

Pavics. "A Magyar Tanácsköztársaság és a délszláv proletariátus," Vörös Ujság, March 21, 1920.

Pecze, Ferenc. "A Tanácsok Országos Gyűlésének létrejötte 1919-ben," Állam és Igazgatás, June 1953, pp. 285-94.

Permszki. "A cseh proletáriátus és a magyar forradalom," Vörös Ujság, March 21, 1920.

Péterfi, István. "Emlékezés a Tanácsköztársaság zenei életére," Muzsika, No. 3 (1959), pp. 1-2.

Péteri, Zoltán. "A szakszervezetek szerepéröl a Magyar Tanácsköztársaság állami mechanizmusában," Jogtudományi Közlöny, X, No. 3 (1955), pp. 136-44.

Pór, Bertalan. "A Magyar Tanácsköztársaság plakátjai," Magyar Grafika, III, No. 5 (1959), pp. 324-31.

Präger, Miklós. "A Magyar Tanácsköztársaság sajtójáról," Magyar Munkásmozgalmi Intézet Értesitője, No. 2 (1955), pp. 13-37.

Proházska, Lajos, comp. "A szentesi direktórium szociális politikája," Tiszatáj, No. 3 (1959), p. 8.

"A proletárdiktatura gazdasági problémái," Vörös Ujság, May 23, 1920, p. 2.

Rácz, Béla. "Munkástanácsok a magyar proletárdiktaturában," Uj Március, March 1929, pp. 48-51.

Rácz, László. "A nagyváradi munkásmozgalomról," Párttörténeti Közlemények, No. 3 (1964), pp. 234-51.

Radek, Karl. "Die Lehren eines Putschversuchs," Die Kommunistische Internationale, No. 9 (1920), pp. 29-37.

Rákos, Ferenc. "Néhány gondolat a Tanácsköztársaság államáról és jogáról," Jogtudományi Közlöny, XVIII, No. 3 (1963), pp. 129-34.

_____. "A szocialista államalkotás főpróbája Magyarországon," Jogtudományi Közlöny, XIV, Nos. 2-3 (1959), pp. 49-60.

Rákosi, Sándor. "A Magyar Tanácsköztársaság levéltári rendeletéről," Levéltári Közlemények, XXVI (1955), pp. 61-64.

Rédei, Aranka. "A közellátás és a központi készletgyüjtés rendszere a Magyar Tanácsköztársaságban," Közgazdasági Szemle, VI, No. 3 (1959), pp. 299-308.

Remete, László. "A Tanácsköztársaság irodalmáról." Valóság, II, No. 1 (1959), pp. 87-91.

"Report of Comrade A. Rudnianski," The Communist International, No. 3 (1919), pp. 399-400.

Réti, László. "Adalékok a Magyar Tanácsköztársaság pénzügyi politikájához," Levéltári Közlemények, XXXIV, No. 1 (1963), pp. 47-70.

_____. "A párt eszmei tisztasága és a Magyar Tanácsköztársaság," Népszabadság, March 21, 1957, p. 8.

Révai, József. "A Tanácsköztársaság a pedagógusok hagyománya is!" Pedagógusok Lapja, No. 3 (1959).

Robogó, Máté. "Fehér sajtó fekete miséje," Proletár, July 8, 1920, pp. 9-10.

_____. "A terror," Proletár, May 26, 1921, p. 14.

Rot, O. M. "Deiaki pitaniia rozvitki ugorskoi literaturi v 1917-1919 rr.," Naukovi Zapiski, Derzhavnii Universitet, XXXVIII (1959), pp. 52-63.

Rudas, Klára. "A Magyar Tanácsköztársaság humoros sajtójáról," Magyar Könyvszemle, No. 2 (1959), pp. 208-13.

Rudnianski, A. (Rudnyánsky, Endre). "Professionalnye soiuzy i kontrrevoliutsiia v Vengrii," Kommunisticheskii Internatsional, No. 5 (September 1919), pp. 637-42.

_____. "The Slovak Soviet Republic," The Communist International, No. 3 (1919), pp. 415-16.

Ruppert, Pál. "A dolgozók bejelentésének elintézése a Magyar Tanácsköztársaságban," Állam és Igazgatás, VI (June-July 1954), pp. 349-59.

Sa-ay. "Emlékkiállitások a Tanácsköztársaság jubileumán," Az Érem, IV, No. 13 (1959), pp. 1-3.

Sárközi, György. "Adalékok a Magyar Tanácsköztársaság művelődéspolitikájához," Levéltári Közlemények, XXIX (1959), pp. 360-67.

Schaefter, Richard. "Der Zusammenbruch der Ungarischen Räterepublik," Der Arbeiter-Rat, I, No. 30 (1919), pp. 5-7.

Schönwald, Pál. "Családügyi biráskodás a Tanácsköztársaságban," Jogtudományi Közlöny, XIV, Nos. 2-3 (1959), pp. 96-98.

Schuster, Eugen (Varga, Jenő). "A proletárdiktatura gazdasági problémái Magyarországon," Internacionálé, Nos. 1-2 (February 1920).

Seidler, Ernő. "Szolnok, 1919," Párttörténeti Közlemények, V, No. 11 (1959), p. 160.

Simonovits, István. "A Tanácsköztársaság egészségpolitikája," Társadalmi Szemle, XIV, No. 7 (1959), pp. 79-93.

Smidt, Lajos. "Adalékok Kun Béla szombathelyi tartózkodásának történetéhez," Vasi Szemle, III (1959), pp. 23-26.

Sochocki, Stanislav Andrzej. "Az 1919-es magyar proletárforradalom hatása Lengyelország belpolitikai és nemzetközi helyzetére," Párttörténeti Közlemények, V, No. 2 (1959), pp. 78-106.

Sonkoly, István. "Az 1919. évi Tanácsköztársaság zenéje," Alföld, X, Nos. 3-4 (1959) pp. 132-34.

Szabó, Ágnes. "A szovjet Vörös Hadsereg 51. lövészhadosztálya 459. lövészezredének szolidaritása a magyar munkásosztállyal, 1919 augusztus 7-8," Párttörténeti Közlemények, V, Nos. 3-4 (1959), pp. 278-79.

Szabó, György. "Adalékok a Tanácsköztársaság könyvpropagandájához," Magyar Könyvszemle, No. 2 (1959), pp. 213-15.

Szabó, Imre. "Gosudarstvo i pravo Vengerskoi Sovetskoi Respubliki," Acta Juridica, I, Nos. 1-2 (1959), pp. 3-27.

Szabó, István. "Müvészélet a forradalomban," Népszabadság, XVI, No. 68 (March 21, 1958), p. 8.

"A szakszervezetek a diktatura alatt," Népszava, October 23, 1919.

Szántó, Rezsö. "A kommunisták munkája a Népörségben," Társadalmi Szemle, XIII, No. 11 (1958), pp. 99-108.

_____. "A Magyar Vörös Hadsereg nemzetközi alakulatairól," Párttörténeti Közlemények, V, No. 2 (1959), pp. 221-27.

Székely, József. "A forradalmi propaganda ellenforradalmi birálata," Világosság, October 13, 1920, p. 322.

Szemere, Vera. "A termelöszövetkezetek szervezete a Tanácsköztársaság idején," Épitöipari és Közlekedési Müszaki Egyetem Tudományos Közleményei, VII, No. 4 (1961), pp. 221-35.

Szende, Pál. "A forradalom tömeglélektanához," Világosság, April 8, 1921, pp. 201-2.

Szentpéteri, István. "A helyi önállóság és a központi irányitás biztositékai a Tanácsköztársaság államszervezetében," Állam és Igazgatás, IX, No. 4 (1959), pp. 263-76.

_____. "A képviseleti és közvetlen demokrácia intézményei a Tanácsköztársaság állami mechanizmusában," Jogtudományi Közlöny, XIV, Nos. 2-3 (1959), pp. 69-79.

"Szervezkedés és szocializálás a bankokban," Világosság, August 4, 1920, pp. 166-68.

Sz. F. "Gyüjtöfogházi emlékek," Párisi Munkás, March 19, 1927, p. 3.

"A szociáldemokrácia a proletárdiktatura alatt," Vörös Ujság, March 21, 1920, p. 4.

Szöcs, Ferenc. "A Margit köruti fegyházban," Lobogó, No. 39 (1959).

Szokolay, Katalin. "A Magyar Tanácsköztársaság visszhangja a lengyel nép körében," Magyar Történészkongresszus (1954), p. 688.

Sztórkayné, Mándi Teréz. "A Tanácsköztársaság nemzeti és nemzetközi jelentösége," Társadalmi Szemle, XIX, No. 3 (1964), pp. 25-32.

_____. "A Tanácsköztársaság sajtója," Magyar Sajtó, V, No. 3 (1964), pp. 89-91.

Szuhay, Miklós. "A Tanácsköztársaság agrárpolitikájának kérdéséhez," Századok, XCIII, Nos. 2-4 (1959), pp. 473-93.

"Taktikázás a földosztással," Vörös Ujság, May 9, 1920, p. 2.

Tamás, György. "Repülögép a Kárpátok felett (Szamuely Moszkvában)," Néphadsereg, No. 68 (1958).

Tiszay, Andor. "A Magyar Tanácsköztársaság plakátmüvészete," Magyar Könyvszemle, No. 2 (1959), pp. 203-8.

Tölgyesi, Lajos. "Egy munkásezred történetéböl," Hadtörténelmi Közlemények, VI, No. 1 (1959), pp. 143-50.

Toma, Peter A. "The Slovak Soviet Republic of 1919," The American Slavic and East European Review, XVII (April 1958), pp. 203-15.

Tóth, Mihály. "A Magyar Tanácsköztársaság hagyatéka a kertészeti szakoktatás terén," Felsöoktatási Szemle, VIII, Nos. 7-8 (1959), pp. 427-31.

Troian, M. V. "Spil'na borot'ba Ugorskoi Chernovoi Armii ta trudiashchik Zakarpatia proti mizhnarodna imperializm v 1919 r.," Naukovi Zapiski, Derzhavnii Universitet, XXXVIII (1959), pp. 34-39.

Vág, Ottó. "A Magyar Tanácsköztársaság közoktatáspolitikája és a Szlovák Tanácsköztársaság," Pécsi Szemle, XV, No. 3 (1965), pp. 262-65.

Vágó, Béla. "A Vörös Ujság első számárol," Uj Március, No. 3 (March 1928), pp. 161-63.

Vágvölgyi, Tibor. "A magyar jakobinusok emlékezete 1919-ben," Történelemtanitás, IX, No. 3 (1964), pp. 26-27.

Varga, Jenő. "A proletárdiktatura gazdasági problémái," Közgazdasági Szemle, Nos. 3-4 (1955), pp. 430-43.

_____. "A proletárdiktatura gazdasági problémái Magyarországon," Internacionálé, Nos. 1-2 (February 1920), pp. 22-31.

Varró, Endre. "Hogy fogadták a proletárdiktaturát a szibériai magyar fogolytáborban?" Párisi Munkás, March 19, 1927, p. 3.

Vesely, J. "Csehszlovákia és a Magyar Tanácsköztársaság," Századok, LXXXVII, Nos. 2-3 (1953), pp. 434-37.

Vietor, Martin. "A Szlovák Tanácsköztársaság 35.-ik évfordulójára," Magyar Munkásmozgalmi Intézet Értesitöje, No. 1 (1955), pp. 73-125.

Vigh, Károly. "Ismeretterjesztés a Tanácsköztársaságban," Valóság, II, No. 3 (1959), pp. 75-79.

_____. "Negyven éves a kommunista sajtó," Pest Megyei Hirlap, December 7, 1958.

"Volt-e vörösterror Magyarországon a diktatura alatt," Párisi Munkás, July 31, 1926.

"A Vörös Hadsereg diadalmas utja és bomlása," Uj Március, March-April 1926, pp. 157 ff.

Zádor, Tibor. "A miskolci munkások harca a Tanácsköztársaság megteremtéséért," Borsodi Szemle, November 1, 1959.

Zelk, Zoltán. "Miskolc, 1919," Szabad Nép, VII, No. 66 (March 20, 1949), p. 10.

Z. J. "A kék pénz vándorutja," Az Erő, II, Nos. 1-3 (1919), p. 9.

V. Autobiographies, Biographies, Literary Treatments, Reminiscences

A. Books

Aczél, Tamás. Vihar és naspütés. Budapest: Athenaeum, 1950. 538 p.

Aiglon. Viccekben él a szovjet. Budapest: Haller K. és Társa, 1920. 16 p.

Allizé, Henri. Ma mission à Vienne. Paris: Librairie Plon, 1933. 220 p.

Alpári, Gyula. Válogatott irásai. Budapest: Kossuth, 1960. 499 p.

Andrássy, Count Julius. Diplomatie und Weltkrieg. Berlin and Vienna: Ullstein, 1920. 348 p. In English: Diplomacy and the War. London: J. Bale, 1921. 323 p.

Antal, Gábor. Tavasz Somogyban. Budapest: Móra, 1959. 66 p.

Apor, Viktor. Háborus és ellenforradalmi emlékek. Budapest: 1957.

Ashmead-Bartlett, Ellis. The Tragedy of Central Europe. London: Thornton, 1923. 316 pp.; T. Butterworth, 1923. 320 p.

Bandholtz, Harry H. An Undiplomatic Diary by the American Member of the Inter-allied Military Mission to Hungary, 1919-1920. New York: Columbia University Press, 1933. 394 p.

Barabás, Béla. Emlékirataim. Arad: Corvin, 1929.

_____. Magyar hadifoglyok élete orosz-olasz földön. Budapest: Dick Manó, n.d.

Bernhard, Zsigmond, S. J. Egy jezsuita emlékei a kommunizmus idejéből. Budapest: 1919.

Böhm, Vilmos. Im Kreuzfeuer zweier Revolutionen. Munich: Verlag für Kulturpolitik, 1923. 487 p. In Hungarian: Két forradalom tüzében. Budapest: Népszava, 1947. 382 p.; Vienna: Bécsi Magyar Kiadó, 1923. 487 p.

Bolgár, Elek. Válogatott tanulmányok. Budapest: Akadémiai Kiadó, 1958. 329 p.

Borzalmas vallomások. Budapest: 1919. 48 p.

Buchinger, Manó. Emlékek és élmények. Budapest: Népszava, 1946. 318 p.

_____. Tanúvallomás: Az októberi forradalom tragédiája. Budapest: Népszava, 1936. 174 p.

Csák, Gyula. Augusztusi éjszaka. Landler Jenő élete. Budapest: Móra, 1959. 52 p.

Csizmadia, Sándor. Hol voltam a diktaturában? Budapest: Pirkadás, 1919.

Csongor, Győző, comp. A forradalmak szegedi szemtanui. Vesszaemlékezések 1918-19-re. Szeged: Hazafias Népfront Szegedi Városi Bizottsága, 1959. 63 p.

Dempsey, John J. Storms over the Danube. London: Selwyn and Blount, 1938. 288 p.

Dietz, Károly. Októbertől augusztusig. Emlékirataim. Budapest: Dr. Rácz Vilmos, 1920. 171 p.

Dobi, István. Vallomások és történelem. Budapest: Kossuth, 1962.

Eszterházy, Count Miklós. Emléklapok az 1918 november--1919 augusztus 2.-ig terjedő időből. Budapest: 1921. In German: Meine Erlebnisse und Eindrücke aus der Zeit vom 1. November 1918 bis 2. August 1919. Budapest: Szt. István, 1921.

Evans, John David Eryl. That Blue Danube. London: D. Archer, 1935. 248 p.

Földes, Péter. A tulsó partról. Stromfeld Aurél életregénye. 2nd ed. Budapest: Kossuth, 1964. 476 p.

Gábor, Andor. Összegyüjtött cikkek. Vol. I. Budapest: 1955.

Gábor, Balázs. Egy kommunista harcos élete, munkássága. Pécs: Uj Komló, 1957. 14 p.

Gadanecz, Béla. A forradalom vezérkarában. Landler Jenő életéből. Budapest and Bratislava: Táncsics, 1959. 201 p.

Garami, Ernő. Forrongó Magyarország. Leipzig-Wien: Pegasus, 1922. 243 p.

Gárdos, Mariska. Kukoricán térdepelve. Budapest: Szépirodalmi Kiadó, 1964.

Gárdos, Miklós. Két ősz között. Budapest: Kossuth, 1959. 364 p.

Gellért, László. A Magyar Tanácsköztársaságért. Kun Béla, Szamuely Tibor, Korvin Ottó életéből. Budapest: Tankönyvkiadó, 1961. 32 p.

_____. Egy iró élete. Vol. I. Budapest: Bibliotheca, 1958.

Gidash, Antal. Vengriia likuet. Moscow: Gos. Izd.-vo Khudozh. Lit.-ry, 1931. 87 p.

Gömbös, Gyula. Egy magyar vezérkari tiszt biráló feljegyzései a forradalomról és ellenforradalomról. Budapest: Budapesti Hirlap, 1920. 61 p.

Göndör, Ferenc. Garázdálkodásom a diktaturában. Budapest: 1919.

_____. Vallomások könyve. Vienna: 1922. 249 p.

Gregory, John Duncan. On the Edge of Diplomacy. London: Hutchinson and Co., 1929. 286 p.

Greiner, I. Arest i begstvo. Moscow: M.O.P.R., 1927. 21 p.

Gyetvai, János. Fegyverek és emberek. Budapest: Zrinyi, 1959. 300 p.

Győry, Dezső. A nagy érettségi. Budapest: Magvető, 1960. 354 p.

Halasi, Andor, ed. Pirkadása a magyar égnek. Budapest: Szépirodalmi Könyvkiadó, 1959. 261 p.

Hámori, László. Károlyi Mihály, a földosztó. Budapest: Népszava, 1946. 32 p.

Hegedüs, Géza. A hadvezér. Budapest: Móra, 1958. 85 p.

Herczeg, Géza. Béla Kun: eine historische Grimasse. Berlin: Verlag für Kulturpolitik, 1928. 188 p.

Hetés, Tibor. A 80. Nemzetközi Dandár. Budapest: Zrinyi, 1963.

Hevesi, Gyula. Egy mérnök a forradalomban. Budapest: Európa, 1959. 423 p.

Hoover, Herbert. The Ordeal of Woodrow Wilson. New York: McGraw-Hill, 1958. 318 p.

Horthy, Miklós. The Confidential Papers of Miklós Horthy. Budapest: Kossuth, 1963. 439 p.

_____. Ein Leben für Ungarn. Bonn: Athenäum Verlag, 1953. 327 p.
In French: Memoires. Paris: Hachette, 1954. 287 p.
In English: Memoirs. New York: R. Speller, 1957. 268 p.
In Hungarian: Emlékirataim. Buenos Aires: 1953. 314 p.

Horváth, Zoltán. Irodalom és történelem. Budapest: Szépirodalmi Könyvkiadó, 1968.

Hunya, István. "19-esek". Agrárproletár veteránok visszaemlékezései. Budapest: Táncsics, 1962. 182 p.

Illés, Béla. Ég a Tisza. Moscow: Sarló és Kalapács Könyvtára, 1932. 647 p.; Budapest: Zrinyi, 1958.

József, Farkas, ed. "Mindenki újakra készül..." 3 v. Budapest: Akadémiai Kiadó, 1959. 654, 970, 741 p.

Kardos, Pál. A Nyugat a forradalom alatt. Debrecen: Acta Universitatis Szegediensis, 1960. pp. 183-99.

Karikás, Frigyes. A járatos ember és más elbeszélések. Budapest: Kossuth, 1957.

_____. Mindenféle emberek. Moscow: Sarló és Kalapács Könyvtára, 1935.

Károlyi, Catherine. A Life Together. London: Allen and Unwin, 1966. 343 p.

Károlyi, Count Mihály. Egy egész világ ellen. Harcom a békéért. Munich: 1923.
In English: Fighting the World. The Struggle for Peace. New York: A. C. Boni, 1925; London: K. Paul and Co., 1924. 464 p.
In German: Gegen eine ganze Welt. Mein Kampf um den Frieden. Munich: Verlag für Kulturpolitik, 1924. 515 p.

_____. Memoirs. London: J. Cape, 1956. 392 p.; New York: Dutton, 1957.

_____. Válogatott irásai. 2 v. Budapest: Gondolat, 1964.

Kassák, Lajos. Egy ember élete. Budapest: Magvető, 1966. 1028 p. v. 7 A Károlyi Forradalom, v. 8 A Kommün. Budapest.

Kelen, Jolán, and Gyula Barabás. A néptribun. Budapest: Kossuth, 1964.

_____. Töretlen úton. Budapest: Ifjusági Könyvkiadó, 1955. 193 p.

Kiss, Ferenc. Ecce Homo. Budapest: Athenaeum, 1920. 147 p.

Kiss, Lajos. Vörös város. Moscow: Sarló és Kalapács Könyvtára, 1932-35; Budapest: Magvető, 1959. 535 p.

Knirsch, Peter. Eugen Varga. Berlin: Harrassowitz, 1961. 119 p.

Kolozsváry, Balázs (Kun, Béla). Forradalomról forradalomra. Vienna: Vörös Ujság, 1920. In German: Von Revolution zu Revolution. Vienna: 1920. In Italian: Di rivoluzione in rivoluzione. Milan: 1920.

Komáromi, Lajos. Emlékeim a Tanácsköztársaság idejéböl. Budapest: 1959. 12 p.

Kondor, Bernát. Agitátor élmények. Vienna: Pegasus, 1923. 162 p.

Korcsmáros, Nándor. Forradalom és emigráció. Budapest: Korcsmáros, 1923.

Korvin Otto, vengerskii revoliutsioner: ego zhizn i deiatelnost. Moscow: 1925.

Kristóffy, József. Magyarország kálváriája. Budapest: Wodianer és fiai, 1928. 2 v. 854 p.

Kuczka, Péter. "Mindenkinek! Mindenkinek!" Budapest: Szépirodalmi Könyvkiadó, 1959. 93 p.

Kun, Béla. Irodalmi tanulmányok. Budapest: Magvető, 1960. 174 p.

_____. A Magyar Tanácsköztársaságról. Budapest: Kossuth, 1958. 642 p.

_____. Revolutionary Essays. London: 1920. 46 p.; Válogatott irások és beszédek. 2 v. Budapest: Kossuth, 1966. 525 p.

Kun, Béláné. Kun Béla. Budapest: Kossuth, 1966. 420 p.

Landler, Jenö. Válogatott beszédek és irások. Budapest: Kossuth, 1960. 579 p.

Lányi, Ernöné, ed. Nagy idök tanui emlékeznek, 1918-1919. Budapest: Kossuth, 1958, 194 p.

_____. Vagyunk az Ifju Gárda. Budapest: Ifjusági Kiadó, 1959.

Laporte, Maurice. Le bouge de la mère Andrelli. 133 jours d'epouvante. Paris: Librairie de la Revue française, 1930.

Lengel, Iosif (Lengyel, József). Istoricheskii reportazh. Moscow: Sovlit, 1933. 203 p.

Lengyel, József. Visegrádi utca. Moscow: Sarló és Kalapács Könyvtára, 1932; Budapest: Kossuth, 1957. In German: Visegrader Strasse. Berlin: Dietz, 1959. 264 p.

A Lenin-fiuk véres munkái. Budapest: Rózsa Kálmán és neje, 1919. Selected pamphlets, 200 p.

Lenin üzent. Visszaemlékezések. Budapest: Legujabbkori Történeti Muzeum, 1960. 45 p.

Lenin, Vladimir Il'ich. Magyarországról. Budapest: Szikra, 1954.; enlarged and revised ed., Budapest: Kossuth, 1965. 184 p.

Ligeti, Károly. Válogatott Irásai (edited by Jenő Györkei). Budapest: Hadtörténelmi Intézet -- Kossuth, 1957. 150 p.

Madarász, Emil. Csihajda Pál harcosa. Moscow: Sarló és Kalapács Könyvtára, 1932. 182 p.

Magyar, Lajos. A magyar forradalom. Budapest: Athenaeum, 1919. 96 p.

Mezőfi, Vilmos. Emlékeim a kommün idejéből. Budapest: 1919.

Montgomery-Cuninghame, Sir Thomas Andrew Alexander. Dusty Measure: A Record of Troubled Times. London: J. Murray, 1939. 356 p.

Müller, Ernőné. Eszmélés. Emlékezések magyarországi munkásmozgalmi élményeimre. Budapest: Kossuth, 1964.

Nagy, Kálmán. Stromfeld Aurél. Budapest: Művelt Nép, 1952. 97 p.

Nagy, Lajos. 1919 május. Budapest: Szikra, 1950. 408 p.

_____. A menekülő ember. Budapest: Művelt Nép, 1954. 312 p.

Nagy, Vince. Októbertöl októberig. New York: Pro Arte, 1962. 350 p.

A nyolcas számu páncélvonat hős napjaiból. Visszaemlékezések. Gyula: Békés megyei Intéző Bizottság, 1959. 22 p.

Orbók, Attila. Ki árulta el a hazát? Budapest: Hunnia, 1919. 31 p.

Örkény, István. Az a titokzatos erő. Budapest: [195?].

Rákosi, Jenő. Emlékezések. Budapest: [194?].

Raskai, Ferenc. Titkaim. Budapest: 1940-42. 4 v.

Remete, László, ed. Igy látták a kortársak. Az 1917-1918-as magyarorszagi sajtó az orosz proletárforradalomról. Budapest: Kossuth, 1957. 248 p.

_____, ed. Irodalom -- forradalom, 1917-1919. Budapest: Magvető, 1956. 452 p.

Rezső, Pál, and Vilmos Székelyhidi. Hamburger Jenő, az orvos és forradalmár. Zalaegerszeg: 1956. 20 p.

Róna, Lajos. Harminc év az ujságiró pályán, békében, háboruban, forradalomban. Budapest: 1930.

Samuely, G. Matiash Rakoshi; zhizn' i bor'ba geroia mezhdunarodnoi proletarskoi revoliutsii. Moscow: 1935.

Sándor, Kálmán. A harag napja. Budapest: Szépirodalmi Kiadó, 1952. 92 p.

Sass, Ervin. Az ember hiába nem él. Eseményrajz Dundler Károly életéről. Békéscsaba: Békés Megyei Tanács, 1964. 55 p.

Sinkó, Ervin. Optimisták. Ujvidék: Testvériség-Egység Könyvkiadó Vállalat, 1953-55. 2 v.

Sitkei, Sándor. Egy tengerész a forradalomban. Budapest: Múzeumok Központi Propaganda Irodája, 1960. 44 p.

Stromfeld, Aurél. Válogatott irásai. Budapest: Zrinyi, 1959. 382 p.

Szabó, Gyula. Latinca Sándor, "a szegényparasztság igaz védője." Kaposvár: Somogy Megye Tanácsa, 1955. 46 p.

Szabó, László. Szegény ember gazdag élete. Budapest: 1928. 3 v.

Szamuely Tibor élete és gaztettei. Budapest: Magyar Kultúra, 1920. 62 p.

Szász, Károly. Emlékezés a vörös uralomra. Budapest: Franklin, 1922. 107 p.

Szatmári, Eugen. Im roten Budapest. Berlin: Kulturliga, 1919. 22 p.

Százezer. Budapest: Móra, 1957. 408 p.

Szerémi, Borbála T. Schönherz Zoltán. Budapest: Ifjusági Kiadó, 1952. 54 p.

_____. A szabadság vértanui. Budapest: Kossuth, 1960. 332 p.

_____. Szamuely Tibor. Budapest, 1954. 36 p.

Szilágyi, Béla. Vert hadak nyomában. Budapest: Szilágyi Béla, 1920. 48 p.

Szokoly, Endre. "...és Gömbös Gyula a kapitány." Budapest: Gondolat, 1960. 424 p.

Tarján, Vilmos. Riporteri titkaimat nem viszem a sirba. Budapest: n.d.

Tizenkilencesek. Budapest: 1962.

Tömöri, Márta. Új vizeken járok. A Galilei-kör története. Budapest: Gondolat, 1960.

Tormay, Cecile. An Outlaw's Diary. London: P. Allen and Co., 1923. 2 v. 291, 233 p.

Varjassy, Lajos. Gróf Károlyi Mihály, Kun Béla, Horthy Miklós. Timisoara: 1932.

Várnai, Zseni. Egy asszony a milliók közül. Budapest: Szépirodalmi, 1956. 454 p.

Váry, Albert. A vörös uralom áldozatai Magyarországon. Budapest: Váci Fogház Nyomda, 1923. 172 p.

Weltner, Jakab. Forradalom, bolsevizmus, emigráció. Budapest: Weltner Jakab, 1929. 317 p.

_____. Milliók egy miatt. Budapest: 1927. 307 p.

Windischgraetz, Prince Lajos. Küzdelmeim. Budapest: 1920. In German: Von roten zum Schwarzen Prinzen. Berlin and Vienna: Ullstein and Co., 1920. 458 p. In English: My Memoirs. London: G. Allen and Unwin, 1921. 356 p.

Winkler, A. Na boevom postu. Moscow: MOPR, 1930. 47 p.

Zita, Victor. George Lukács' Marxism: Alienation, Dialectics, Revolution. The Hague: Nijhoff, 1964. 305 p.

Zrinszky, László. A Magyar Tanácsköztársaság emléke költészetünkben, 1919-1945. Budapest: Akadémiai Kiadó, 1962. 147 p.

B. Articles

"Aladár Komját," Rundschau, VI, No. 2 (July 14, 1937), pp. 57-58.

Andics, Erzsébet. "35 éve a magyar nép élén," Társadalmi Szemle, VIII, Nos. 10-11 (1953), pp. 949-65.

"An die Arbeiter und die Dorfarmut Ungarns," Die Kommunistische Internationale, No. 10 (1920), pp. 183-86.

Aranyossi, M(agda). "Gyula Alpári," Acta Historica, VI, Nos. 1-2 (1959), pp. 31-69.

Baktai, György. "Negyvennyolc vöröskatona 1919-re emlékezik..." Honvéd Ujság, No. 33 (1957), p. 1.

Barta, Lajos H. "Beszélgetés Sándor Pál professzorral a Tanácsköztársaság évfordulóján," Magyar Nemzet, XX, No. 69 (1964), p. 10.

_____. "Proletáriátusunk hősi hagyománya és a magyar költészet," Népszabadság, March 21, 1957, p. 11.

B. L. "A fogházban," Proletár, December 30, 1920 (Supplement), p. 6.

Böhm, Vilmos. "Stromfeld," Világosság, July 28, 1920, pp. 147-48.

"Bokányi, Ágoston, Haubrich és Vántus a diktaturában," Világosság, January 5, 1921, pp. 3-9.

Bracsók, István. "Emlékidéző beszélgetés a Vörös Katona egykori főszerkesztőjével," Békés megyei Népujság, XVI, No. 68 (March 21, 1961), p. 6.

Buday, Tibor. "A proletárállam első halottját búcsuztatjuk," Magyar Nemzet, XX, No. 79 (1964), p. 10.

Bukharin, Nikolai. "Tibor Samueli," The Communist International, No. 5 (1919), p. 64.

"A bűnösök bűnhödjenek," Világosság, March 30, 1921, p. 189.

Chlepkó, Ede. "Visszaemlékezések," Sarló és Kalapács, March-May 1939.

"A diktatura bukásának lázas napjai az ifjúmunkásoknál," Párisi Munkás, July 31, 1926, p. 4.

"Egy asszony május elsejéi," Nők Lapja, April 29, 1961.

"Az egykori partizán," Petőfi Népe, XVI, No. 263 (November 7, 1961), p. 5.

"Emlékezés Tóth Lajos elvtársra," Somogyi Néplap, XIX, No. 67 (March 21, 1962), p. 3.

"Emlékirat," Proletár, December 22, 1921, pp. 5-6.

Farkas, Gábor. "Adalékok Csákvár történetéhez," Fejér Megyei Szemle, II, No. 1 (1965), pp. 17-20.

Fazekas, István. "Móra Ferenc és a Tanácsköztársaság," Marosvidék, September 1959, pp. 57-60.

F. L. "A Vörös Gárdában," Párisi Munkás, November 15, 1927, p. 5.

"A Forradalom hirnöke," Népszabadság, December 7, 1958, p. 5.

Gábor, Andor. "Évfordulón," Uj Március, No. 3 (March 1928), pp. 182-83.

Gábor, Károly. "Kritika a kritikáról," Proletár, (August 12, 1920), pp. 15-16.

Garami, Ernő. "Forrongó Magyarország," Kommün, August 16, 1922.

_____. "Válasz Jászi Oszkárnak," Jövö, August 10, 1922.

"Garami Ernő emlékiratai," Kommün, July 26, 1922.

Garbai, Sándor. "Forradalmi emlékeimből," Bécsi Magyar Ujság, August 10, 1922.

"Gegen sowjetfeindliche Lügenmeldung," Rundschau, VI, No. 21 (May 7, 1936), pp. 850-51.

Gellért, Oszkár. "A Nyugat a Tanácsköztársaság alatt," Élet és Irodalom, I, No. 15 (1957), p. 5.

Gerencsér, Miklós. "Száz nehéz ütközetben. (Csányi Frigyes)," Népszabadság, No. 133 (1958), p. 8.

Gross, J. "Emmerich Sallai und Alexander Fürst zum Gedächtnis," Internationale Presse-Korrespondenz, No. 63 (August 2, 1932), pp. 2028-29.

Györkei, János Jenő. "A proletárinternacionalizmus hőse: Vienermann Lajos," Honvéd Ujság, No. 117 (1957), p. 2.

Györkei, Jenő. "Gavró Lajos, a legendáshirü vörösparancsnok," Népszabadság, No. 30 (1958), p. 2.

_____. "Valentin László, a proletárforradalom katonája," Népszabadság, No. 34 (1958), p. 2.

Hamburger, Jenő. "Mártirok," Proletár, April 28, 1921, pp. 5-6.

Hegedüs, Géza. "Stromfeld Aurél emlékezete," Élet és Irodalom, II, No. 38 (1958), p. 5.

Hetés, Tibor. "Stromfeld Aurél," Katonai Szemle, No. 10 (1959).

_____. "Stromfeld és a magyar polgári demokratikus forradalom," Hadtörténelmi Közlemények, X, Nos. 1-2 (1963), pp. 61-104, 112-52.

Hevesi, Gyula. "Az Internacionálé - Az első magyar kommunista folyóirat," Társadalmi Szemle, No. 10 (1958), pp. 112-15.

Hidas, Antal. "Emlékezés Karikás Frigyesre," Élet és Irodalom, V, No. 44 (1961), p. 5.

_____. "Landler," Uj Március, No. 2 (February 1928), p. 105.

Hirossik, János. "Jegyzetek," Proletár, July 29, 1920, pp. 15-16.

_____. "Menekülés," Proletár, August 12, 1920, pp. 17-18.

_____. "Naplótöredék," Proletár, December 30, 1920, pp. 4-5.

_____. "A röpcédula," Párisi Munkás, November 5, 1927, p. 5.

Hock, János. "Garami könyve," Bécsi Magyar Ujság, August 4, 1922.

Horti, Emil. "Szaratovtól Budapestig," Párisi Munkás, November 15, 1927, p. 5.

Illés, Béla. "The Rifle," International Literature, No. 1 (1933), pp. 43-47.

Jancsik, Ferenc. "Ünnep," Sarló és Kalapács, February 1930.

Jászi, Oszkár. "Széljegyzetek Garami Ernő emlékirataihoz," Bécsi Magyar Ujság, July 22, 1922.

_____. "Viszonválasz Garami Ernőnek," Bécsi Magyar Ujság, August 24, 1922.

József, Farkas. "A Tanácsköztársaság irodalmi publicisztikájáról," Irodalomtörténet, No. 2 (1959), pp. 160-70.

József, Archduke Ferenc. "Naplójegyzetek a vörös uralom idejéből," A Társaság, No. 44 (1920).

Juhász, Gyula. "Makszim Gorkij üzent nekünk," Népszabadság, II, No. 68 (March 21, 1957), p. 10.

Karikás, Frigyes. "Korbély János," Uj Március, No. 3 (March 1928), pp. 184 ff.

Karos, Józsefné (Benke, Irén). "Nagy idők tanui," Jászkunság, March 1959.

Katona, Béla. "Krudy és a Tanácsköztársaság," Borsodi Szemle, No. 2 (1959), pp. 105-8.

K. J. "Karikás Frigyes," Népujság, November 4, 1961.

Komját, Aladár. "Uj Március," Uj Március, No. 3 (March 1928), pp. 144-45.

"Korvin Ottó kálváriája," Proletár, July 14, 1921, p. 14.

Kuh, Frederick. "Discussion with Béla Kun," Liberator, March 1920, pp. 16-21.

Kun, Béla. "Emigratensumpf," Internationale Presse-Korrespondenz, No. 9 (January 21, 1922),

_____. "In Memory of the Hungarian Comrades," The Communist International, No. 15 (1932), pp. 497-500.

_____. "A tömegek politikai vezére," Uj Március, No. 2 (February 1928), pp. 97-98.

Kun, Béláné. "A bécsi boszorkány-pör," Kortárs, VI, No. 2 (1962), pp. 217-30.

_____. "Bécs -- Stettin -- Petrográd -- Moszkva," Kortárs, IV, No. 10 (1960), pp. 635-46.

_____. "A bukás," Kortárs, IV, No. 8 (1959), pp. 252-62.

_____. "Itáliában," Kortárs, IV, No. 5 (1960), pp. 667-78.

_____. "További esztendők," Kortárs, X, (1961), pp. 541-55.

Kun, József. "Ligeti Károly, a rendithetetlen harcos példája," Népszabadság, No. 293 (1958), p. 3.

Kunfi, Zsigmond. "Garami a forradalomban és emlékirataiban," Bécsi Magyar Ujság, August 6, 8, 1922.

L. A. "Egy proletár-élet legboldogabb napjai," Párisi Munkás, March 12, 1927, p. 4.

Laczik, J. "1919," Népujság, March 23, 1962.

Landler, Jenő. "A forradalom szülötte," Proletár, December 30, 1920 (Supplement), pp. 1-2.

"Landler elvtárs egyetlen riportja," Uj Március, No. 3 (March 1928, special issue), pp. 8-10.

"Landler Jenő," Uj Március, No. 3 (March 1928, special issue), pp. 1-3.

"Landler Jenő életrajza," Uj Március, No. 3 (March 1928, special issue), pp. 3-6.

"Landler Jenő halála alkalmából," Uj Március, (February 1928, special issue).

"A legendás hirü vöröskatona, Karikás Frigyes," Néphadsereg, No. 188 (1958).

Lékai, János. "Emlékezés Korvin Ottóra," Proletár, December 22, 1921, p. 8.

"Lékai János," Uj Március, Nos. 1-2 (July-August 1925), pp. 63-64.

Lendvai, Vera. "Fénygyujtogató. Tausz János visszaemlékezései," Népszava, LXXXVII, No. 68 (March 21, 1959), p. 5.

Lengyel, László. "A katonatanácsról," Társadalmi Szemle, No. 10 (October 1958), pp. 103-7.

"Ligeti Károlyról. Szofia Venckovics Ligeti visszaemlékezései," Párttörténeti Közlemények, No. 4 (1958), pp. 142-64.

Lukács, György. "Harc a halállal," Uj Március, No. 2 (February 1928), pp. 101-5.

_____. "Korvin Ottó," Proletár, August 19, 1920, pp. 19-20.

_____. "Önkritika," Proletár, August 12, 1920, pp. 13-14.

Madaras, László. "Móra Ferenc a forradalomban," Délmagyarország, XV, No. 68, (March 21, 1959), p. 8.

Margóczi, József. "Az 1918-19-es forradalom hatása Móricz Zsigmondra," Borsodi Szemle, III, No. 2 (1959), pp. 108-10.

Markovits, György. "Egy érdekes kisregény 1919-röl," Népszabadság, April 5, 1965, p. 8.

"Mártirjaink emlékére," Uj Március, January 1926, pp. 13-14.

"Mártirok emlékezete," Népszabadság, XVII, No. 304 (December 29, 1959), p. 2.

"Meghalt Staub József," Petöfi Népe, XVI, No. 55 (July 4, 1961), p. 3.

Molnár, Pál. "Néhányan azok közül akik az élre álltak," Néphadsereg, No. 272 (1958).

Münnich, Ferenc. "Budapesttöl Bécsig," Kortárs, IV, No. 8 (1960), pp. 155-61

"Münnich Ferenc életrajza," Néphadsereg, No. 24 (1958).

Nádass, József. "Igy indultunk. Emlékek," Élet és Irodalom, No. 9 (1959), p. 6, 12.

Nagy, Lajos. "1919 május," Népszabadság, II, No. 65 (March 21, 1957), p. 11.

Nagy, Magda. "Fegyverbe! Fegyverbe!" Kortárs, IV, No. 8 (1959), pp. 268-82.

"A nagy nap szemtanui," Népszabdaság, March 21, 1965, p. 7.

"Néhány szó Korvin, Szamuely és a többi legyilkolt forradalmár emlékére," Internacionálé, Nos. 1-2 (February 1920), pp. 54-57.

Niklai, Péter. "Visszaemlékezés a Magyar Tanácsköztársaság levéltárügyére," Levéltári Közlemények, XXIX, No. 1 (1959), pp. 230-43.

Ormos, János. "A hősök nem halnak meg. Vásárhelyi Kálmán vértanuságának évfordulójára," Csongrád Megyei Hirlap (Mako), April 23, 1961.

Oroszi, István. "Iskolájuk a szakszervezet volt," Népszabadság, June 8, 1968.

Péter, László. "Móra Ferenc a forradalmakban," Tiszatáj, XVIII, Nos. 2-3 (1964), pp. 9-10.

"Poll Sándor emlékezete," Szabad Nép, VI, No. 268 (November 20, 1948), p. 5.

"A proletárdiktatura odaadó harcosa, Stromfeld," Néphadsereg, No. 221 (1959).

"A proletárforradalmár, Mosolygó Antal," Néphadsereg, No. 68 (1959).

Rákos, Ferenc. "Gombos Gyula," Proletár, September 23, 1920, p. 12.

Révai, József. "Az Öreg," Uj Március, No. 2 (February 1928), pp. 99-100.

Robogo, Máté. "Gajdesz," Proletár, September 16, 1920, p. 17.

_____. "Lelet," Proletár, September 9, 1920, pp. 15-16.

_____. "A vérbirák mosakodnak," Proletár, October 14, 1920, pp. 11-12.

Rónai, Zoltán. "A két Károlyi," Világosság, October 1931, pp. 6-7.

Rudas, László. "Emlékirat," Proletár, March 9, 1921, pp. 11-12.

_____. "Szamuely Tibor," Proletár, September 2, 1920, pp. 19-20.

Rudas, Zoltán. "Zoltán Ronai, ancien commissaire du peuple de la République des Sovjets de la Hongrie," Proletár, November 18, 1920, pp. 7-9.

Ruffy, Péter. "Itt nyugszik Tóth Mihály," Magyar Nemzet, XVII, No. 203 (August 27, 1961), p. 6.

_____. "Találkozás negyvennégy év után. Dr. Münnich Ferenc látogatása Csapó Palinál," Magyar Nemzet, XVII, No. 107 (May 7, 1961), p. 3.

Sallai, Imre. "Korvin Ottórol," Proletár, December 30, 1920 (Supplement), pp. 2-3.

Sárándy, István. "Én mint reformátor," Az Erő, IV, No. 1 (1920), pp. 4-7.

"Somogyi Béla," Vörös Ujság, February 21, 1920, p. 4.

Somogyi, Pál. "Emlékezés Latinka Sándorra," Somogyi Irás, April 1961, pp. 33-35.

Stigler, István. "Két kömüves és egy ács," Fejér Megyei Hirlap, June 9, 1968, p. 11.

_____. "Néhány szó egy elfelejtett épitőmunkásról," Pestmegyei Hirlap, June 7, 1968, p. 5.

"Szabó Ervin halálának évfordulójára," Uj Március, September 1928, pp. 454-58.

Szabó, István L. "A tanitványok kötelessége (Lengyel Gyula)," Népszabadság, XX, No. 235 (1962), pp. 2-3.

Szamuely, Tibor. "Bátrak helye a börtön," Uj Március, No. 3 (March 1928, special issue), pp. 6-7.

"Szamuely Tibor, Varga és a többiek. Néhány adat a proletár szolidaritás történetéből," Magyarország, No. 6 (1957), p. 7.

Szántó, Béla. "Hogyan alakult meg a Kommunisták Magyarországi Pártja?" Uj Március, No. 3 (March 1928), pp. 159-61.

Szántó, Zoltán. "Az elsö Nemzetközi Vörösezred," Valóság, VIII, No. 5 (May 1965), pp. 88-94.

Szebelkó, Imre. "Szamuely Tibor," Néphadsereg, No. 82 (1955), p. 2.

Szende, Pál. "Kunfi és a forradalom," Világosság, November 1930, pp. 1-2.

Sz. I. "Epizódok Tanács-Magyarországról," Párisi Munkás, March 12, 1927, p. 4.

_____. "A tömegek élén," Párisi Munkás, March 23, 1929.

Szij, Béla. "Berény Róbert életútja gyermekéveitöl a berlini emigrációig," Magyar Nemzeti Galéria Közleményei, No. 4 (1963), pp. 113-23.

Sziklai, Sándor. "Emlékeimböl," Szabad Hazánkért, No. 1 (1957), pp. 2-3.

_____. "Tudtuk, miért harcolunk...," Honvéd Ujság, No. 123 (1957), pp. 2-3.

Sz. T. "Nem fogyott el a hösi idök ereje. Beszélgetés Frankó György elvtárssal," Néphadsereg, No. 1 (1957), p. 6.

Tamás, Aladár. "Stromfeld Aurél emlékezetéhez," Élet és Irodalom, II, No. 43 (1958), p. 4.

Vágó, Béla. "Bajáki Ferenc," Proletár, November 10, 1921, p. 2.

_____. "László Jenö," Proletár, January 6, 1921, pp. 11-13.

_____. "László Jenö és Korvin Ottó," Proletár, December 22, 1921, p. 5.

Vajda, László. "Móra Ferenc utja 1917-1919-ig," Tiszatáj, XII (October 1958), pp. 5-6; XIII, No. 1, p. 5; No. 5, p. 6; No. 9, pp. 3-4; No. 10, p. 5.

"Válasz egy tájékoztatásra," Vörös Ujság, March 16, 1920, p. 6.

Vántus, Károly. "Emlékezés Március 21-ére," Uj Március, No. 3 (March 1928), pp. 166-68.

Varga, Jenö. "Emlékezzünk régiekröl," Uj Hang, March 1939, pp. 5-8.

Várnai, Zseni. "Gyerekek és verseskönyvek tavasza," Népszava, LXXXVII, No. 68 (March 21, 1959), p. 5.

"A vörös monitor zászlaja," Párisi Munkás, March 19, 1927, p. 4.

"A vörös járőrvezető," Párisi Munkás, March 19, 1927, p. 4.

Watnick, Morris. "George Lukács: An Intellectual Biography," Soviet Survey, pt. I, No. 23 (1958), pp. 60-66; pt. II, No. 24 (1958), pp. 51-57; pt. III, No. 25 (1958), pp. 61-68.

Windischgraetz, Prince Lajos. "Garami, a szocialista vezér," Proletár, September 9, 1920, p. 4.

Appendix A. Joint Authors, Pseudonyms

A. Books

    Alpári, Gyula. See also Alpári, Julius.

    Barabás, Gyula. See Kelen, Jolán and Gyula Barabás.

    Bencze, József. See Fodor, Henrik and József Bencze.

    Bertsinski, S. See Durdenevskii, Vsevolod and S. Bertsinskii.

    Beucz, Zoltán. See Nyiri, Gyula.

    Gaydu, Pavel. See also Hajdú, Pál.

    Gumperz, Julian. See Ypsilon.

    Hajdú, Pál. See also Gaydu, Pavel.

    Hevesi, Ákos. See also Kheveshi, Akuzius.

    Huszti, Ernő. See Nagy, Tibor and Ernő Huszti.

    Illés, Béla. See also Fogarasi, Béla and Béla Illés.

    Illés, László. See Szabolcsi, Miklós and László Illés.

    Józsa, Antal. See Györkei, Jenő and Antal Józsa.

    Kelen, Jolán. See also Gerelyes, Ede, Sándor Tarjányi and Jolán Kelen.

    Kheimo, M. See Tivel, Aleksander IV. and M. Kheimo.

    Kheveshi, Akuzius. See also Hevesi, Ákos.

    K. Nagy Zsuzsa. See also Nagy, Zsuzsa; Nagy, Zsuzsa L.

    Kolozsváry, Balázs. See also Kun, Béla.

    Komlósy, Sándor. See Kálmánchey, Zoltán.

    Kovács, Pál. See Joós, Ferenc and Pál Kovács.

    Kun, Béla. See also Kolozsváry, Balázs.

Lazarovich, Fedor de. See Kass, Albert and Fedor de Lazarovich.

Liptai, Ervinné. See Dósa, Rudolfné, Liptai Ervinné and Mihály Ruff.

Lobányi, József. See Király, Dezső, József Lobányi, et al.

Marchenko, H. V. See Hranchak, I. M. and H. V. Marchenko.

Milei, György. See Petrák, Katalin and György Milei.

Nemeskürthy, István. See Csonka, Mária and István Nemeskürthy.

Németh, Lajos. See Kiss, Dezső and Lajos Németh.

Palmer, A. W. See Macartney, C. A. and A. W. Palmer.

Pintér, István. See Karsai, Elek and István Pintér.

Ránki, György. See Berend, Iván and György Ránki.

Rindl, Johann. See Ypsilon.

Ruff, Mihály. See Dósa, Rudolfné, Liptai Ervinné and Mihály Ruff.

Spektator. See also Buttman (ungar), Henrik.

Szabó, Ágnes. See Csonka, Rózsa and Ágnes Szabó.

Szabolcs, Ottó. See Kálmánchey, Zoltán.

Szántó, Imre. See Nagy, József and Imre Szántó.

Székelyhidi, Vilmos. See Rezső, Pál and Vilmos Székelyhidi.

Szücs, László. See also Komoróczy, György and László Szücs.

Tarjányi, Sándor. See Gerelyes, Ede, Sándor Tarjányi and Jolán Kelen.

Ustinov, V. M. See Zharov, L. I. and V. M. Ustinov.

B. Articles

Bencze, József. See Fodor, Henrik and József Bencze.

Foltin, D. E. See Siiyartova, G. I. and D. E. Foltin.

Gábor, Andor. See also Robogó, Máté.

Isel't, I. See Kol'be, G. and I. Isel't.

Jávorka, Éva B. See Forgács, Sándorné, and Éva B. Jávorka.

Jenei, Károly. See Incze, Miklós Károly Jenei, et al.

Karos, Jozsefné. See also Benke, Irén.

Király, Lajos. See Balogh, Lajos and Lajos Király.

Kohn, Gábor. See Rudas, László and Gábor Kohn.

Kolbe, Hans. See also Kol'be, Gans and I. Isel't.

Kolozsváry, Balázs. See also Kun, Béla.

Kun, Béla. See also Kolozsváry, Balázs.

Nagy, Zsuzsa L. See also K. Zsuzsa Nagy.

Robogó, Máté. See also Gábor, Andor.

Rudnianski, A. See also Rudnyánszky, Endre.

Rudnyánszky, Endre. See also Rudnianski, A.

Schuster, Eugen. See also Varga, Jenő.

Szabolcs, Ottó. See Simon, Gyula and Ottó Szabolcs.

Szigetvári, István. See Jenei, Károly and István Szigetvári.

Varga, Jenő. See also Schuster, Eugen.

Appendix B. Emigré Periodicals and Newspapers

Ádám és Éva. Vienna, 1924.

Akasztott Ember (replaced by Ék). Vienna, 1922.

Bécsi Kurir. Vienna, 1924.

Bécsi Magyar Ujság. Vienna, 1919-23.

Bunkó. Vienna, 1921.

Diogénes. Vienna, 1923.

Egység. Vienna and Berlin, 1922-23.

Ék. Vienna, 1923.

Az Ember. New York, 1920—intermittently through 1968.

Az Ember. Vienna, 1919-25. (The articles cited in this bibliography under this title are quoted from this paper.)

Értesitö (see also Új Világ, Szegény Ember). Vienna, 1921-22.

Fiatal Kommunista. Prague, 1922-23.

Halmi József Riportlapja. Vienna, 1922-23.

A III. Internacionálé. Ekaterinburg, 1920.

Ifjumunkás Internacionálé. Vienna, 1921.

Internacionálé. Vienna, 1920.

Jövö. Vienna, 1921-23.

Kérges Tenyér (?). Vienna, 1919 (?).

Kommün. Vienna (?), 1922.

Kongresszusi Tudósitók. Vienna, 1921.

Köztársaság. Paris, 1925.

Ma. Vienna, 1920-24.

Munkás. Munkačevo, 1928 - (?).

Panoráma. Vienna, 1921-24.

Párisi Futár. Paris, 1924. (See also Párisi Munkás.)

Párisi Magyar Munkás (Also Párisi Munkás). Paris, 1924-29.

Párisi Ujság. Paris, 1923.

A Pénzvilág. Vienna, 1919 (?).

Politikai Hiradó. Vienna, 1920.

Proletár. Vienna, 1920-22.

Roham. Irkutsk, 1920.

Sarló és Kalapács. Moscow, 1934-39.

Tanácsi Magyarország. Barnaul, 1920.

Tüz. Bratislava and Vienna, 1921-23.

Uj Előre. New York, 1920-22 (intermittently thereafter).

Uj Hang. Moscow, 1939-4(?).

Uj Március. Vienna, 1925-29.

Uj Világ. Vienna, 1920.

Vasárnap. Vienna, 1920.

Világforradalom. Ekaterinburg, 1919-20.

Világosság. Vienna, 1920-22, 1926(?) - (?)

Vörös Ujság. Berlin, 1922; Moscow, 1920-21; Omsk, 1920-21; Vienna, 1920 (supplement to Die Rote Fahne from No. 21 to No. 316; the references included in this volume are taken from this periodical unless otherwise indicated; Vienna, Nov. 19, 1921, - 1922(?) (Nos. 1-3).

Z
2148
A5v63

FEB 25 1971